체인지 UP

인생 악기 있나요?
Dream Comes True and Beyond

클라리넷 연주로 세상을 바꾸고 있습니다

지난 2년 동안 노심초사 고민하고 열심히 준비했던 베를린 아리랑 공연을 많은 분의 도움과 헌신 속에서 성공리에 잘 마쳤다. 나에게는 90년대 힘든 유학 생활 동안 많은 사랑을 나누어 주셨던 베를린 교민분들의 은혜에 보답하는 일이었다. 또한 대한민국이 전 세계에서 손꼽히게 못 살았던 1963년, 파독 광부로 간호사로 가서서 대한민국 경제 발전의 초석이 되어 주시고, 이제는 노령에 접어드신 그분들에 대한 감사와 위로의 음악회였다. 특별한 인연으로 베를린 아리랑이 KBS 프로그램으로 만들어져 방송되니 그 뜻과 의미를 더 많은 분께 공유할 수 있게 되어 감사한 마음이다.

2002년 10월, 나는 클라리넷을 처음 시작했던 청소년 시절부터 줄곧 꿈꾸고 간절히 소망했던 베를린 국립음대(UdK)를 졸업하고 한국으로 귀국했다. 귀국 후 20년 이상의 지난 음악 생활을 돌아보면서 나 자신에게 가장 잘했다고 칭찬할 수 있는 것 중 하나는

2007년 12월 "서울 나눔 클라리넷 앙상블"을 창단하여 지금까지 나눔 연주를 지속하면서 잘 이끌어 오고 있는 것이다. 교도소, 탈북자 교육시설, 장애시설, 복지관, 요양원, 학교, 병원 등등 크고 작은 장소를 가리지 않고 우리를 필요로 하는 곳이면 어디든지 달려가서 연주를 통해 감동과 기쁨의 시간을 함께 나누었다. 국내에서 시작한 나눔 연주는 2017년 저 멀리 히말라야 산골학교를 거쳐 지구촌의 끝이라고 불리는 남아프리카 공화국까지…. 특별히 올해 4월에는 통일 독일의 수도 베를린에서 파독 근로자 60주년을 기념하는 음악회까지 열게 된 것이다.

창단 이후 지금까지 서울 나눔 클라리넷 앙상블을 이끌면서 내가 추구하는 중심 가치는 진정성, 전문성 그리고 지속성이다. 대부분이 아마추어 단원들로 구성된 앙상블 단체이지만 규모가 작든 크든 듣는 사람들에게 위로와 감동을 주는 음악을 하기 위함이며, 일회성에 끝나지 않고 지속적으로 나눔을 실천하고자 함이다. 또한, 우리가 하는 작은 연주 하나로 피곤하고 지친 아픈 영혼들이 위로를 받고 기쁨과 희망을 가질 수 있다면 우리는 "단 한 명을 위해서도 어디든 간다"를 모토로 삼고 있다. 감사하게도 내가 추구하는 가치를 서울 나눔 클라리넷 앙상블 멤버 분들이 함께 공감하고 따라 주셨고 지난 15년 동안 우리는 함께 아름다운 동행을 해 올 수 있었다.

이 책은 서울 나눔 클라리넷 앙상블의 지난 15년을 다섯 명의 저자의 경험과 시각을 통해 소개하는 형식으로 구성되었다. 다섯 명의 저자는 나를 포함 서울 나눔 클라리넷 앙상블과 10년 이상 함께해 오셨으며 다양한 각자의 분야에서 자기의 삶을 성실히 살아오신 분들이다. 살아온 삶의 방식과 스타일은 다르지만 한 가지 공통점은 '나눔'을 최고의 가치로 알고 실천하는 삶을 살고자 한다는 것이다. 10년 이상 나눔 클라리넷 앙상블을 함께하면서 각자가 느끼고 체험한 살아있는 삶의 이야기들을 함께 나누고자 한다. 코로나 팬데믹이 가속화한 각자도생의 시대에 개인도 단체도 국가도 각자의 이익만을 극도로 추구하며 살아가는 요즘의 현실이다. 저자 5인의 작은 나눔의 삶을 통해 행복하고 멋진 세상을 꿈꾸는 모든 이들에게 조금이라도 용기와 희망을 주기를 바란다.

 대한민국의 인당 국민소득이 3만 불을 넘어서 3만 5천 불에 이르게 되면서 우리나라에도 많은 사람이 이미 취미로 악기를 한 가지이상 다루거나 또 한편 악기를 배워볼까 하는 관심을 가지신 분들도 많이 있다. 우리들의 스토리가 악기를 하나 배워보고 싶은데 생각만 하면서 몇 해를 보내시며 실행에 옮기지 못하신 분들, 악기를 막상 시작하려고 보니 어떻게 시작해야 할지 어떤 악기를 선택해야 할지 고민하는 분들, 취미로 악기를 시작했는데 그 다음을 어떻게, 무엇을 할 수 있는지 궁금하셨던 분들, 그 외에도 음악을 좋아하는 모든 분께 나도 할 수 있다는 용기를 불어넣어 주고 꿈꾸게 할 수 있으면 더할 나위 없이 감사할 일이다.

베를린 아리랑 공연을 무사히 잘 마치고 돌아와 차 한 잔 마실 여유가 좀 생긴 지금, 차분히 앉아 돌이켜 보니 클라리넷이라는 악기를 통해 지난 15년간 서울 나눔 클라리넷과 함께 만들어 올 수 있었던 수많은 연주, 연주를 통해서 만났던 많은 분, 그 연주들을 위하여 땀 흘렸던 순간들, 바쁜 일상 속에서도 한 걸음 한 걸음 따라와 주었던 나눔 앙상블 멤버 한 사람 한 사람의 얼굴들이 주마등처럼 지나간다. 이 세상에 혼자서 할 수 있는 일은 많지 않다. 함께해 주는 서울 나눔 클라리넷 앙상블 단원들이 있기에 나는 오늘도 다음 연주, 내년 또 그다음 해의 연주들을 계획하며 우리가 또 어떤 꿈을 함께 꿀 수 있는지 두근두근하는 마음으로 기대하고 있다.

2023년 5월
김문길

체인지 UP

Contents

PART 01

인생 악기 있나요 _임상종

Contents

PART

1

인생 악기 있나요

·

임상종

체인지 UP

인생 악기로 다가온 클라리넷

1989년 11월이었던가?

생애 첫 북미지역 출장 마지막 날, 오전 비즈니스 미팅을 예상보다 빨리 마친 나는 가벼운 발걸음으로 캐나다 토론토에 있는 쇼핑몰을 둘러보고 있었다. 모든 것이 새롭고, 신기하고… 이런 환경에서 사는 이들이 부럽다는 생각을 하며 이리저리 정신없이 기웃거리며 돌아다니던 중 우연히 음반 가게 앞을 지나쳤다. 나는 그곳에서 흘러나오는 음악을 듣느라 갑자기 모든 것을 멈춰버렸다. 내가 이곳에 왜 있는지, 무엇을 하러 이곳에 왔는지… 모든 것이 일순간 멈춤! 음악만이 움직이고 있었다. 듣는 것이 아니라 지배당하고 있다는 느낌이랄까?

바로 카세트테이프를 샀다. 클리블랜드 오케스트라, 모차르트 클라리넷 협주곡! 대학생 시절에 친구를 통해 알게 된 브루흐 첼로곡, 콜 니드라이(Kol Nidrei, Op.47)를 듣고 첼로 소리에 매료되어 몇 달 용돈을 모아 세종문화회관 야노스 스타커 초청 첼로 연주회에 갔던 기억과 감회가 새록새록 떠올랐다. 까맣게 잊고 있었지만 보이지 않는 무언가로 지금까지 잘 연결되어 있다는 생각이 들었다. 세종문화회관 제일 꼭대기 층 구석에서 초집중하고 있던 내 모습을 떠올리며, 당시 들었던 첼로의 육중한 저음과 클라리넷의 음색이 묘하게 닮았다는 생각을 했다. 그 이후 무엇을 했는지… 공항 도착할 때까지 미친 듯이 테이프를 들은 기억밖에 없다.

연주에 심취한 상태에서 불현듯 몇 시 비행기였는지 티켓을 살짝 꺼내 시간을 확인했다. 20:50 비행기. 시간은 너무나 충분했고 오랜만에 혼자만의 자유를 만끽한 뒤 여유롭게 저녁 9시경 공항에 도착하여 체크인 데스크로 향했다. 공항은 이상하리만큼 조용했고, 승객도 안 보이고, 조명도 어둡고 약간 을씨년스러워 보였다. 체크인 데스크에는 불이 꺼져 있고 아무도 없었다. 마침 안내에 사람이 있어 체크인 데스크에 아무도 없다며 티켓을 보여주는데 그제야 20:50이 저녁 10:50 비행기가 아닌 저녁 8:50으로 보였다. 그날 그 공항의 마지막 비행기였다.

천만다행으로 다음 날 오전 이른 시간에 케네디 공항으로 연결편 탑승이 가능하다고 했다. 인근 호텔에서 몇 시간 숙박 후 새벽에 다시 나와야 하는 번거로움과 혹시 또 비행기를 놓칠지도 모른다는 막연한 두려움으로 나는 공항 벤치에서 밤을 새우기로 했다. 또 그 음악을 미친 듯 들으며 기쁘게 노숙했다. 아니 그것 외에는 아

무엇도 하고 싶지 않았고 할 수도 없었다. 오는 비행기 내에서 듣고 또 듣고… 13시간 이상의 비행시간이 하나도 지루하지 않았다. 어느새 카세트테이프는 중노동을 견디지 못하고 점점 이상한 소리가 나더니 결국 늘어 붙어 수명을 다했다. 귀국 후 바쁜 직장생활은 다시 음악을 잊게 했고 꿈속의 한 장면처럼 그 음악은 잊혀졌다.

그러던 어느 날, 아내는 갑자기 이렇게 직장생활에 얽매여 정신없는 하루하루를 그냥 보낼 수 없어서 후배와 악기를 시작하기로 했다며 클라리넷을 연습하기 시작했다. 시작한 지 2년이 지났을 때쯤 자신이 속해 있는 클라리넷 앙상블의 첫 연주회에 자신 있게 초대했다.

12월 9일. 이날은 마침 우리 결혼기념일이기도 했다. 첫 연주회를 마치고 상기되어 있던 아내에게 나는 축하와 격려를 하며, 이 세상 어떤 것이라도 줄 것 같은 태도로 허세 있게 결혼기념일 선물로 뭘 원하느냐고 물었다. 아내는 망설임 없이 "내년에 클라리넷 연주를 같이 하면 좋겠어요"라고 답했다. 까맣게 잊고 있던 캐나다에서의 모차르트 클라리넷 협주곡이 다시금 들려오기 시작했고, 그렇게 내 인생 악기는 결정됐다.

퇴직 후 몇 가지 사업 시행착오를 겪으며, 나는 내가 좋아하는 클라리넷에 인생을 걸어보기로 했다. 연주자의 길은 벽이 너무 높고 경쟁력이 없어 보였으나, 클라리넷 수리 과정은 내 건강만 허락한다면 평생 직업으로 손색이 없어 보였다. 여러 지인의 안내와 특히, 한국에서 목회를 마치고 은퇴하여 미네소타 고향으로 귀국하는 Steve

목사님과 Mary 사모님의 도움으로 나는 Minnesota State College Southeast Techincal에서 Band Instrument Repair(관악기 수리 전문) 과정에 입학할 수 있었다.

나는 정원 40명 중 유일한 동양인이자 비음악 전공자로 최고령 학생이었다. 후에 담당 교수는 졸업 축하차 한국에서 방문한 아내에게 내가 입학하게 된 behind story를 들려줬다. 담당 교수들은 반대 우려가 있었으나 학과장이 diversity를 위해 무조건 입학시키자고 했다고 한다. 뜻이 있는 곳에 길이 있다.

졸업 후에는 Sir James Repair(Minnesota)에서 인턴으로 일할 기회를 잡았다. James는 졸업 선배이자 인생 선배였고, 미네소타에서 저명한 band instrument repair technician이었다. 미네소타 북부, 인구 3~4천여 명밖에 안 되는 소도시 Sauk Centre에서 앞은 호수 뒤는 숲이 있는 그림 같은 곳에 두 부부만 살고 있었다. 지하 1층 전체를 나 혼자 쓰라고 내주며 원하는 만큼 머물러도 된다고 했다. 졸업생 40여 명에게 인턴 관련 문의 전화를 받았지만 직접 찾아온 사람은 나밖에 없다며 혼자 다 쓸 자격이 충분하다는 격려와 함께. 부자는 아니었지만 나누고 베푸는 삶이 너무 자연스러웠다.

찾아오는 손님은 무척 다양했다. Minnesota Symphony Orchestra 혼 수석부터, 할아버지 할머니가 쓰던 악기를 고쳐 손자 손녀가 사용하려는 3대째 단골고객, 방학 때만 되면 수십 대의 모든 악기를 맡기는 학교 등. 수리를 맡기고 며칠 후 찾으러 오기도 하지만, 벤치를 지정받아 자기 악기를 선생님께 질문해가며 스스로 수리하는 이들도 있었다. 햄버거와 콜라 맥주로 점심을 같이하며 음악을 이야기하고 이런저런 살아가는 이야기를 나누며 악기를 통해, 음악을 통해 친구가 되어 가고 있었다. 새 악기를 사는 게 어쩌면 훨씬 더 유용할 텐데, 굳이 할아버지 할머니가 쓰던 낡고 찌그러진 악기를 수리해서 쓰겠다는 아이들의 눈망울을 보며, 그 악기가 그리운 할아버지 할머니의 사랑을 전달해주는 생명체 같다는 감회에 젖어보기도 했다.

인턴을 다 마치고 선생님의 소개로 Straubinger Pro-flute course (Indianapolis), Music Medic Pro-saxophone course(Wilmington, NC) 과정을 다 마치고 귀국하여 이제 내 인생 악기와 24시간 동고동락하던 중 2021년 7월 9일 예술의전당 IBK 챔버 홀에서 서울 나눔 클라리넷 앙상블 제13회 정기연주회를 성공리에 마치고 상기되어 있던 나에게, 며칠 후 불쑥 지휘자 선생님이 클라리넷 연주과정을 전공해 보면 어떻겠냐고 제안하셨다. 나는 주저 없이 전공의 길을 택했고, 캐나다에서 처음 들었던 그 모차르트 협주곡을 이제 연습하며 연주하고 있다.

100세 아니 120세? 시대의 삶을 헤쳐나가야 할 우리에게 인생 악기보다 더 가치 있는 준비가 있을까?

클라리넷, 취미로 시작해 보자

내가 뒤늦게 악기를 전공하고 있다는 사실을 아는 주변의 친구들과 지인들이 자신도 늦었지만 악기를 시작하고 싶다며 나의 조언을 구한다. 이들의 몇 가지 공통점은 악보도 볼 줄 모르는 까막눈인데 늦은 나이에 뒤늦게 악기를 한다는 게 가능할지, 어떤 악기가 좋은지, 어떻게 시작할지 고민한다는 것이다. 레슨을 받을지, 인터넷이나 교재를 보고 혼자서 익힐 수 있는지, 악기는 어떻게 사는지 가격은 어느 정도인지 등 수많은 질문을 받았다.

늦더라도 안 하는 것보다는 낫다. 시작하고 후회하더라도 일단 하는 것이 안 하고 무엇을 해볼까 계속 기웃거리며 시간을 허비하는 것보다는 백번 낫다는 말은 영원한 진리인 것 같다. 내 주변에 60이 넘어 악기를 시작해서 하루 한 시간 이상을 매일 꾸준히 연습하며, 간단하게 연습일지를 작성하시는 분이 계시는데, 그 삶이 얼마나 정신적으로 육체적으로 건강한지 존경스럽다. 나이 들어 악기를 시작한다는 것은 건강을 위해 피트니스센터에 다니듯 매일 꾸준히 자신과의 약속을 지켜내는 것과 같다. 긴 호흡으로 서두르지 말고 꾸준히 하다 보면 내 안에 좋은 에너지가 형성되고, 그 에너지는 주변 사람들에게 좋은 영향력으로 퍼져 나간다.

악보를 본다는 것은 늘 어려운 일이다. 나도 교회에서 성가대 시작할 때 악보를 전혀 볼 줄 몰라 주변의 소리를 들으며 따라 하다가 악보를 보는 법을 배우며 음을 하나하나 익혔다. 지금도 여전히 악보를 보고 정확한 음을 노래하기는 어렵다. 그러나 관악기는 정확한 음을 내기가 좀 수월하다. 그 음이 어떤 음이고 어떻게 잡으면 그 소리가 나는지 배우고 연습하면 그 음이 나게 되어 있다.

뒤늦게 악기를 시작하려는 분들에게 관악기를 강력히 추천한다. 그 이유는 나이 들수록 호흡 조절이 필요한 악기가 건강에도 좋고 다른 악기군(현악기, 건반 악기, 타악기 등)에 비해 상대적으로 배우기가 쉽기 때문이다. 관악기 중에서도 클라리넷, 플롯, 색소폰 등 주로 목관악기를 추천하는데, 아마추어가 시작하기 쉽고, 배울 수 있는 환경(레슨, 연습 장소, 앙상블 모임, 비용 등)이 여러모로 유리하기 때문이다. 금관악기 중에는 트럼펫, 혼 등을 추천한다.

미국에서 관악기 수리과정을 공부할 때, 목관악기는 클라리넷부터 시작해서 플롯, 색소폰, 그리고 마지막 학기에 오보에(잉글리쉬 혼), 바순을 다루고, 금관악기는 트럼펫부터 시작해서 혼, 트롬본, 튜바 등을 공부하게 된다. 대체로 그 순서는 오래된 악기부터, 간단한 구조의 악기부터, 가장 음악 인구가 많은 악기부터 등을 고려한다.

목관악기는 대부분 리드(reed)를 마우스피스에 조리개로 고정해서 소리를 내는데 그 대표적인 악기가 클라리넷이다. 클라리넷은 플루트의 키 배열을 모방, 적용하여 꾸준히 개량 발전되어 오다가 모차르트 이후 정점을 찍으며, 베토벤에 의해 symphony에 뒤늦게 합류한 고전 악기이다. 플루트는 고음이 매력적이고 색소폰은 클라리넷을 개량해 쉽게 소리 낼 수 있는 게 장점이지만, 나는 클라리넷을 강추한다.

클라리넷을 추천하는 이유로 첫째, 무엇보다 목관 특유의 따뜻하고 아름다운 음색이 일품이기 때문이다. 앞서 언급했듯이 음악사에서 클라리넷은 모차르트에 의해 재발견되고 대표적인 고전 악기로 발돋움했다. 그 이유는 모차르트가 당시 목관악기에서 찾기 힘들었던 새로운 따뜻하고 아름다운 음을 추구하여, 친구이자 유명한 클라리넷티스트인 안톤 쉬타들러의 도움으로 약 6종의 새로운 클라리넷을 개발하여, 그의 오페라에서 독백에 화답하는 악기 등으로 중요하게 사용함으로써 일반 대중에게도 큰 인기를 얻었기 때문이었다고 한다.

둘째, 4옥타브+ 악기로 음역이 넓고, 음역별 소리가 매력적이다. 혼자 연주할 할 때도 좋지만 두세 명, 여러 명이 화음을 이뤄내는 소리는 가히 환상적이다.

셋째, 여러 명이 앙상블을 이뤄 연주할 수 있다. 아마추어 관점에서 혼자 하면 중간에 쉽게 포기할 수 있는데, 여럿이 함께하면 그만큼 중도 포기할 확률이 낮다는 장점이 있다.

넷째, 악기의 가격이 상대적으로 저렴하고 정직하다.

다섯째, 다양한 음악 장르(클래식, 재즈, 가요를 포함해 거의 모든)의 연주가 가능하다.

여섯째, 상대적으로 배울 수 있는 인프라(레슨 선생님, 아마추어 앙상블 모임, 윈드 오케스트라, 교회, 백화점 문화센터, 지방 자치단체 문화교실 등)가 잘 갖춰져 있다.

일단 악기를 시작하기로 마음을 먹었다면 시간 끌지 말고 바로 실행에 옮기는 소위 '미친 실행력'이 필요하다. 주변에 음악을 하는 친구나 지인 등을 통해 레슨 선생님을 소개받아 가능하면 선생님과 함께 악기상이나 관악기 수리공방을 방문하여 새 악기든 중고 악기든 구입하여 내 악기를 만들고 빨리 시작하는 게 좋다. 혹, 누가 사용하던 악기를 받아 사용하게 된다면 레슨 선생님을 통해 악기에 이상이 없는지 확인하거나, 관악기 수리공방 등의 전문가에게 점검을 받아보는 절차가 반드시 필요하다.

초등학생 레슨을 해 보면 가끔 인터넷으로 가장 저렴한 악기를 사주는 부모가 있다. 이런 경우 처음에는 그럭저럭 소리가 나는듯하다가 나중에 아이가 소리내기 힘들어해 악기를 살펴보면 문제가 많아 곧 흥미를 잃고 그만두는 결과로 왕왕 이어진다. 클라리넷의 경우 가능하면 '부페 E11'(최근 모델명 E12F)을 추천하는데, 입문용 목관으로 가장 가성비가 좋다. 가격은 옵션에 따라 조금 달라지겠지만, 중고 악기는 약 70만 원~100만 원, 새 악기는 약 150만 원~200만 원 정도에서 크게 벗어나지 않는다.

요즘 유튜브가 대세여서 악기도 유튜브로 처음부터 독학하는 분들이 종종 보이는데 개인적으로 추천하지 않는다. 처음에는 반드시 일대일 레슨 선생님을 통해 기초를 탄탄히 하고, 여의치 않으면 학원, 백화점 문화센터, 자치단체 문화교실, 교회 등에서 반드시 선생님의 지도하에 기초를 잘 닦아놓는 것이 매우 중요하다. 혼자보다는 부부, 친구 등 2명 이상이 같이 하면 선의의 경쟁과 격려를 통해 열심히 할 수 있고, 중간에 포기하고 싶은 고비고비를 잘 이겨낼 수 있다.

다시 한번 강조하지만, 안 하는 것보다는 늦더라도 시작하는 게 낫고, 시작하고 나중에 후회하게 되더라도 계속 망설이며 시간을 허비하는 것보다는 일단 시작하는 게 악기를 배우는 데 가장 좋다.

클라리넷 실력을 높이는 꿀팁

클라리넷을 시작하게 되면 반드시 챙겨야 할 가장 기초적이고 기본적인 사항들이 있다.

🎧 연습 장소

제일 먼저 부딪히는 현실적인 문제가 연습 장소이다. 비용, 장소, 시간 등의 제약이 있지만, 연습실을 대여하는 방법이 가장 확실하다. 단독주택, 전원주택 등은 예외일 수 있으나, 대부분 아파트 생활을 한다는 점을 고려하면, 집에서 연습하기란 쉽지 않다. 아침 이른 시간이나 저녁 늦은 시간의 연습은 피하되, 방에서 옷장 등을 열어놓고 벨을 제거하고 연습하는 것도 좋은 방법이다. 또, 차가 있다면 주차장에서 외진 곳에 세워놓고 연습하는 것도 좋을 것이다. 나는 직장에 다닐 때 점심을 간단하게 해결하고 하루 30분 정도 차 안에서 연습을 했는데, 돌이켜보면 큰 도움이 되었고 좋은 습관으로 발전하여 지금도 차에 악기를 두고 틈나는 대로 5분, 10분이라도 연습을 한다. 또한, 연습 장소에 항상 거울을 비치하면 수시로 자신의 입 모양을 점검할 수 있어 좋다.

24시간 준비된 클라리넷

클라리넷은 휴대의 편리성을 위하여 마우스피스, 배럴, 윗관, 아랫관, 벨, 이렇게 5파트로 분리되어 있다. 이 편리성이 처음 연습하는 분들에게는 여간 걸림돌이 아닐 수 없다. 맘잡고 연습하려면 케이스에서 악기를 꺼내 조립하는 게 익숙해지기 전까지, 익숙해지고 나서도 여간 귀찮은 일이 아닐 수 없다.

이런 핑계를 예방하기 위해 자신의 방이나 자주 들르는 눈에 띄는 곳에 악기를 항상 조립한 채로 스탠드에 세워놓고 더스트 커버를 씌워놓으라고 권하고 싶다. 눈에 자주 띄게 하고 24시간 언제나 바로 불 수 있게 준비되어 있어야 한다. 물론 연습 후 침수건으로 내부 습기를 잘 제거해주고, 침종이로 패드에 묻어 있는 침 등을 잘 닦아주고, 융으로 외부 바디, 키를 잘 닦아준 후, 다시 스탠드에 더스트 커버를 씌워놓고 보관해야 한다.

차가 있는 분은 세컨드 악기로 플라스틱 재질의 클라리넷을 항상 차에 두고 다니면 자투리 시간 활용에 많은 도움이 된다. 무더운 여름이나 추운 겨울 등 온도 차가 심한 계절에는 차 안에 두는 것을 피하고, 앞뒤 좌석보다는 트렁크에 두고 다니기를 추천한다.

체인지 UP

🎧 메트로놈

연습할 때는 반드시 메트로놈을 틀어놓고 박자에 맞춰 연습하는 습관을 들이는 게 중요하다. 혼자 할 때는 잘 됐는데 왜 같이 하면 안 되는지 고민하는 반응을 많이 접한다. 메트로놈 없이 연습하면 자연스럽게 쉬운 부분은 빠르게 어려운 부분은 천천히 하게 되어 전체적인 박자감을 터득하는 데 방해가 된다. 가장 어려운 부분을 천천히 연습할 수 있는 속도로 시작하여 조금씩 제 박자에 가깝게 연습하는 습관이 중요하다. 휴대폰 메트로놈 앱 외에 집에 두고 쓸 수 있게 소리가 크고 사각 배터리 사용으로 용량이 큰 메트로놈을 추천한다.

🎧 연습일지/휴대폰 녹음

연습일지를 조금씩이라도 매일 작성하여, 오늘은 무엇을 배웠고, 중요한 포인트는 무엇인지 한두 줄이라도 쓰고 관리하는 습관을 들이면 후에 좋은 자산이 된다. 요즘은 휴대폰 기능이 좋아서, 자신이 연습하는 소리와 곡 등을 처음부터 녹음 파일로 남겨놓아도 좋다. 연습하는 내용을 녹음해서 귀로 들으며 직접 자신의 소리를 확인해 보면 처음에는 좀 어색하지만 결국에는 자신만의 소리를 만들어가는 데 많은 도움이 된다. 레슨 선생님께 부탁하여 선생님 연주를 녹음하고 자신의 연주와 비교하며 연습하는 것도 좋은 방법이다.

🎧 악보 3부

악보는 항상 3부 이상을 준비해두면 좋다. 1부는 악보집에, 1부는 스탠딩 악기 옆에 항상 비치하여 언제든 연습할 수 있게 눈에 띄는 곳에 두어야 한다. 마지막 1부는 외출 시 항상 휴대할 수 있게 A4 1~2장 정도를 잘 접어서 호주머니에 넣고 다닌다. 대중교통 이용 시 넣 놓고 있지 말고 악보 보고 들으며 외우기 연습하면 자투리 시간을 잘 활용할 수 있다. 휴대폰에 구간 반복 설정을 해놓고 들으면 처음에는 낯설었던 악보가 차츰 친숙해지는 것을 느낄 수 있다. 덤으로 치매 예방에도 도움이 된다는 사실!

🎧 연필, 지우개, 형광펜, 빨간색 볼펜

문구류도 항상 준비해야 하는데 볼펜보다는 연필이 필수이고 가능하면 0.9mm 이상의 굵은 연필이 악보 표기에 좋다. 연필에 지우개는 필수다. 또한 아주 중요하거나 자주 실수하는 부분을 확실하게 눈에 띄게 하도록 형광펜이나 빨간색 펜을 항상 지참하기를 추천한다.

🎧 오선지 테이프

간혹 악보 중간중간을 고칠 때가 생기는데 악보 위에 그려 놓으면 지저분하고 알아보기 힘들다. 이럴 때는 붙이는 오선지 테이프를 사용하면 수월하다.

🎧 엄지고무

클라리넷을 입에 물고 불 때 고정할 수 있는 보조 수단이 엄지 받침(thumb rest)인데 초기 몇 개월 동안은 오른손 엄지손톱 부분의 고통이 따른다. 이것을 완화시켜 주는 방법이 엄지 고무(thumb rest cushion)를 끼는 것인데, 연습에 몰두하다 보면 자신도 모르게 빠져나가 분실하는 경우가 많다. 양면테이프를 엄지 받침에 붙여 엄지 고무를 끼우면 분실 예방을 할 수 있다.

🎧 코르크 그리스(cork grease)

클라리넷의 5개 파트는 연결 부위가 코르크로 되어 있다. 새 악기나 악기 조립이 서툰 초보자의 경우 무리하게 악기를 조립하다 보면 코르크가 손상될 위험이 있다. 코르크 그리스(입술에 바르는 립밤이라 생각하면 된다)를 충분히 바르고 악기를 살짝 돌리는 듯 끼우면 된다.

🎧 마우스피스

새 악기를 사면 기본으로 마우스피스와 리가춰가 들어있는데 가능하면 빨리 바꿔주는 게 좋다. 초기 투자 비용을 아끼려고 '초보자인데 그냥 쓰지 뭐' 하는 분들이 있는데, 마우스피스는 매우 중요하기에 벌크 마우스피스는 반드시 바꿔야 함을 다시 한번 강조하고 싶다. 개인적으로, 처음 시작하는 분들에게는 반도렌 5RV 마우스피스를 추천한다. 벌크 마우스피스와 리가춰는 배럴과 함께 실내 또는 차 안에 비치하여 소리 내는 간이 연습용으로 사용하면 좋다.

마우스피스는 스프레이 가그린 등으로 일주일에 한두 번 세척 소독해 주는 게 위생에 좋다. 마우스피스는 재질이 hard rubber 계통이기 때문에 찬물이 아닐 경우 변색(부는 데는 지장이 없다) 우려가 있으니 유의해야 한다. 간혹, 키 색이 청록색을 띠는 변색 조짐이 보이면 절대로 마우스피스를 악기와 같이 보관하지 말고 별도 마우스피스 케이스에 보관 휴대하는 게 좋다.

 ## 마우스피스 패치

마우스피스는 미끄럼 방지와 단단한 고정을 위해서 패치를 붙여 사용하게 되는데, 초보자의 경우 살짝 쿠션감 있는 0.8mm를 추천한다.

 ## 리가쳐(ligature, 조리개)

리가쳐는 리드를 마우스피스에 고정해주는 역할을 하며, 음색에 많은 영향을 미치므로, 벌크 리가쳐 역시 벌크 마우스피스와 같이 바꿔주는 게 좋고 BG or ROVNER 제품이 품질, 가격 면에서 가성비가 좋아 추천하고 싶다.

 ## 리드

리드는 매우 중요하다. 또한 소모품이기 때문에 처음부터 리드 관리하는 기초를 잘 익혀 놓으면 즐거운 클라생활(삑소리 예방 등)을 하는 데 많은 도움이 된다. 보통 리드 1박스에 10개가 들어있는데, 이 중에 바로 쓸만한 것은 2~3개 정도이다. 아직 어떤 리드가 좋은지 모르겠다면 레슨 선생님이나 주변 클라 선배에게 추천을 부탁한다.

best better good… 등 자신이 알아보고 관리하기 편한 방법으로 리드에 표시하여, best 1~2개는 연주, 합주, 선생님과 연습할 때 등 중요할 때 사용한다. 평소 연습에는 better 리드를 돌아가면서 연습하여 1개 정도 best를 만들고, 기타 리드도 방치해 두지 말고 롱톤 등 기본 연습할 때 꾸준히 사용하여 1~2개 정도 better 리드를 만든다는 생각으로 골고루 연습한다. 리드도 마우스피스 세척할 때 가그린 등으로 같이 소독해 주고, 별도 리드 케이스에 보관하여 사용하는 게 좋다. 초보자에게는 Vandoren 2 1/2호(traditional, navy 박스)를 추천한다.

🎧 침수건/침종이/융

연습 후에는 반드시 침수건으로 클라 내부의 습기를 제거해주고, 침종이로 패드를 잘 닦아주어 건조시키고, 융으로 클라 외부, 키 등을 구석구석 잘 닦아, 손때, 이물질 등이 남아 있지 않도록 잘 관리해 주어야 한다.

정밀 나사 일자 드라이버

폭 2~2.5mm 정밀 나사 일자 드라이버를 가방 안에 두고 다니면 풀린 나사 등을 조이는 응급처방에 유용하게 쓰인다.

정기적인 악기 점검

중요하나 간과하는 것 중 하나이다. 악기도 일종의 기계이다. 정기적인 maintenance 없이 좋은 소리, 편안한 연습 및 연주를 기대하기는 어렵다.

취미를 넘어 생명으로

큰맘 먹고 악기를 시작했는데 악기를 계속하지 못하고 포기하게 되는 이유가 무엇일까? 중고 악기나 거의 새 악기인데 팔려는 분 중에 악기 시작한 지 1년 안 된 분들을 꽤 많이 보게 된다. 사연을 들어보면, 취미로 혼자 그냥 즐기려고 가볍게 생각해서 교본이나, 유튜브 등을 통해 처음부터 독학했다 한다. 이런 분들은 거의 1년을 못 넘기고 포기하는 것 같다.

클라리넷을 시작한 지 얼마 되지도 않는데 미래의 큰 그림을 그리는 게 말이 안 되는 것 같지만, 불행하게도 그 그림이 없으면 중간에 포기하게 될 확률이 매우 높다. 미래의 큰 그림이라 해서 거창한 것을 말하는 게 아니라 매번 단기 목표를 세워나가는 버릇을 습관화해야 한다는 것이다. 특히, 뒤늦게 악기를 시작하게 되면 생각만큼 진도가 안 나가고 아주 사소한 것도 빨리 따라잡지 못해 실망하거나 좌절할 때가 많다.

이럴 때 3개월 후 부모, 배우자, 자녀, 손주, 친구 등의 생일 선물로 축가를 하나 연주해 주겠다는 작은 목표를 세워보자. 간단하지만 친숙한 멜로디의 찬송가, 가곡, 가요 등의 곡을 연습하면, 일단 시작했으니 마냥 연습하는 것과는 비교할 수 없을 만큼 연습에 집중할 수 있고, 실력 향상을 꾀할 수 있다. 어떤 목표를 갖고 어떤 자세로 연습을 하느냐가 클라리넷이라는 악기를 취미를 넘어 그 이상의 가치를 부여할 수 있는 중요한 동기가 된다.

나는 15여 년 전 'Amazing Grace'라는 곡을 가족들 앞에서 생애 첫 클라리넷 연주를 했었는데, 몇 분 되지 않는 곡을 위해서 태어나서 처음으로 그렇게 열심히 집중해서 연습했던 것으로 기억한다. 틀리고, 삑 소리 나고, 제 음정도 안 나오고… 좀 엉망으로 정신없이 마무리했지만, 어쨌거나 생애 첫 클라리넷 연주를 해냈다는 희열이 있었다. 충분히 연습했다고 생각했지만, 실제 무대에서의 연주와는 천양지차라는 것도 깨달았다. 그리고 혼자 연습할 때와 여러 사람 앞에서 반주와 함께 연주하는 것은 별나라만큼 차이가 있다는 것 또한 알 수 있었던 좋은 기회였다.

2년 전 내가 속해 있는 교회 앙상블에서 flute, 1st clarinet, 2nd clarinet, Bass clarinet, Piano version으로 편곡한 'Amazing Grace'를 연주했다. 클라리넷의 solo 연주도 무척 감동적이었지만, 개인적으로는 서툴렀던 내 생애 첫 연주곡의 실수를 보상받고 싶은 욕심과 그

때의 실패를 되풀이하면 안 된다는 교훈으로 연주 100을 목표로 한다면 200이 되기까지 연습해서, 그동안의 내 노력과 정성을 한 음 한 음에 담아 연주할 수 있어 감회가 남달라 가슴이 먹먹했던 기억이 새롭다.

클라리넷 아마추어 연주자가 롱런할 수 있는 방법은 취미를 뛰어넘는 무언가가 있어야 한다. 그 과정은 경우와 정도의 차이는 있겠지만 어떻게 연습에 몰입, 몰두할 수 있느냐이다. 아무리 좋은 레슨 선생님을 만나도 본인이 연습하지 않으면 절대 실력이 늘 수 없다. 너무 당연한 것 같지만 의외로 레슨 받을 때만 연습하고 왜 안 늘지 하는 분들이 의외로 많다. No pain, no gain!

처음 1~2년은 레슨을 꾸준히 받으며 혼자 롱톤(한 음 한 음을 크고 작게, 또는 셈여림으로 길게 지속적으로 내는 연습), 스케일(온음 반음을 순차적으로 오르락내리락하는 연습), 아주 간단한 곡 연주하며 기본을 다지는 과정이 필요하고, 다음 단계는 정기적으로 연습을 해야만 하고 체계적인 연주를 지속하는 모임, 앙상블, 오케스트라 등에 가입하는 것이다. 그리하여 매일 왜 연습해야만 하는지에 대한 지속적인 목표를 스스로 발견하고 연습에 진심을 담는 환경 마련이 중요하다.

나는 '우리를 필요로 하는 곳이면 어디든지 가서 연주하는 단체'인 서울 나눔 클라리넷 앙상블에서 일반적인 클라리넷이 아닌 저음부를 담당하는 베이스 클라리넷을 연주하고 있다. 처음 클라리넷을 시작하고 3~4년 정도 되었을 때 앙상블 지휘자 선생님께서 우리 정도의 규모의 클라리넷 앙상블 모임이면 베이스 클라리넷이 필요하다 했다. 그 묵직한 저음의 매력에 끌려서 시작하게 되었는데 어쩌면 이게 나를 지금까지 있게 한 신의 한 수가 되지 않았나 싶다.

베이스 클라리넷은 일반 클라리넷과 같은 조(Bb)의 악기이고 손가락 포지션이 거의 유사하나, 길이가 2배 이상 길고 색소폰을 만든 아돌프 색스가 개발하여 그 생김새와 키 메커니즘이 색소폰과 비슷하다. 관이 굵고 길어 많은 호흡량이 필요하고 무엇보다도 베이스 클라리넷을 하는 사람이 그 당시는 물론, 지금도 아마추어 중에는 흔치 않아 거의 항상 독주 아닌 독주를 해야만 하는 환경이다. 다른 파트처럼 여러 사람이 같이하여 묻어갈 수도 없고, 틀리면 바로 티가 나는 자리이다. 연습을 안 할 수 없는 환경이 나를 지금껏 지탱해 줄 수 있었던 것 같다.

취미로 시작했는데 왜 이렇게 열심히 해야 할까?
2012년 12월 은평 소년의 집 "꿈나무 마을"을 방문하여 사랑의 음악회를 연주할 기회가 있었다. 나의 서툰 연주를 들어주는 장애인들의 그 선한 눈망울과 행복해하는 표정에 오히려 우리 스스로 더욱 위로와 감동을 받았다.
그때 한 장애인이 슬며시 다가와 내 베이스 클라리넷을 물끄러미

처다보더니 가만히 만져 보았다. 그 짧은 순간 나는 속으로 '내가 좀 더 열심히 준비해서 완성도 높은 연주를 했으면 좋았을 텐데'라는 아쉬움과 부끄러움이 교차하며, 지휘자 선생님이 늘 강조하던 '우리가 연주로 뭘 나눠주려 해도 실력이 있어야 한다'며 연습에 매진시켰던 말씀이 생각났다. 기술적으로 연주를 잘하기 위해서도 많은 연습과 노력이 필요하지만, 아마추어의 연주지만 감동과 가치를 주기 위해서도 많은 연습과 집중이 필요한 게 사실이다. 일회성의 지나가는 연주가 아니라 기술적으로 화려하지는 않더라도 진실된 연주는 한 음 한 음에 배어있는 그 노력과 집중이 관객들에게 전달되어 하나가 되게 하기 때문이다.

취미로 시작한 음악은 그 음표 하나하나가 시간이 지나며 무의미하게 흘러가버릴 수 있지만, 취미를 뛰어넘는 이타적인 음악은 그 준비하는 마음 자세를 새롭게 하고, 왜 연습해야 하는지에 대한 명확한 도전의식으로 생명을 살리는 음악으로 발전하는 계기가 된다.

취미와 가치

: 음악이 뒤흔든 내 삶

 네팔 선발대: "인간극장" 엄홍길의 약속-나마스테

2015년경부터 엄홍길 대장이 네팔에 세우고 있는 학교 준공식에 참여하자는 얘기가 흘러나올 때 만해도 그러려니 했다. 하지만 논의가 급격히 진전되더니 준공식을 앞둔 학교 근처의 마을에 지진까지 일어났다는 소식이 전해지면서 학교 준공식뿐만 아니라 지진의 피해로 고통받는 마을 주민도 위로하는 '천상의 음악회'를 준비해보자는 안으로 구체화되기 시작했다. 마침내 2017년 2월 히말라야 다섯 번째 높은 봉우리 마칼루 자락 해발 3000m에 있는 세두아 학교 준공식 축하 음악회(천상의 음악회)를 열게 되었다.

그 준비과정은 힘난했다. 1여 년 전부터 연주 연습은 물론 네팔 산악 등반을 위해 주말마다 서울 인근의 산들을 오르내리며 등반 연습과 체력 훈련을 했다. 이러한 준비과정이 물론 도움이 되었지만, 후에 실제로 마칼루 세두아 학교까지의 산행은 전혀 상상도 못할 체력과 정신력을 요구했다.

2017년 2월 13일 선발대는 네팔 현지시각 오후 6시 15분경 네팔 카트만두 공항에 도착했다. 공항은 우리나라 시골 버스터미널같이 협소하고 복잡했다. 공기 또한 예상과 달리 너무 혼탁했고 교통은 혼잡했다. 엄홍길 대장과 17년 동행하며 8000m 고지를 12번 동행한 빠상이라는 셰르파가 사람 좋은 얼굴로 우리 일행을 맞아줬다.

다음 날 아침 카트만두에서 프로펠러 경비행기를 40여 분가량 타고 툰밍타르라는 곳에 도착해, 지프로 비포장 길을 4시간 이상을 달린 후 눔(일종의 산장)이라는 곳에 도달했다. 벌써 날이 어둑어둑해지기 시작하고 이곳에서부터 마칼루까지는 별도의 길이 없이 하루 동안 부지런히 걸어야 하기에 이곳에서 1박을 해야 했다. 땀과 모래로 뒤범벅이 되어 몰골이 말이 아니었지만, 마땅한 화장실이나 샤워 시설은 물론 뜨거운 물도 없고 밤공기는 급격히 추워져서 얼음장 같은 펌프 물로 간단히 고양이 세수를 해야 했다. 저녁을 먹자마자 긴장이 풀어져 녹초가 된 몸은 벌써 잠들어 있었다.

다음 날 새벽 깎아지르는 듯한 계곡을 걸어서 2시간 내려가고, 잠시 휴식 후 다시 계곡을 오르기 시작했다. 몇 시간을 쉬지 않고 오르고 또 올라도 숨만 턱에 찰 뿐 이런 체력과 속도로 오늘 중 도착은 할 수 있을지 막연한 두려움과 걱정이 앞서기 시작했다. 잠시 바위에 기대어 하늘을 보다 계곡 건너편을 보니 멀리 우리가 1박 했던 눔 산장이 발아래로 보였다. 6시간 이상을 올라가 그야말로 입에 게거품을 물고 완전 탈진 상태로 마침내 마칼루 세두아에 도착했다. 옷은 소금에 절여진 듯했고, 등산화는 접착 부위 등이 다 떨어져 나가 거의 못 신을 지경이었다. 그러나 드디어 도착했다는 안도감과 해냈다는 자신감이 마지막 발걸음에 힘을 보탰고, 숙소에 짐을 풀고 더 어둡고 추워지기 전에 차가운 물로 오랜만에 짧고 빠르게 샤워를 했다.

다음 날 아침, 악기와 교재 등을 넣은 배낭을 메고 가벼운 차림으로 발걸음을 나서는데 엄홍길 대장의 호통 소리가 들렸다. '등산화, 스틱!' 학교로 가는 길은 또 다른 가파른 1시간의 산행길이었다. 멀리 아침 해를 머금은 마칼루 정상을 경탄 어린 눈길로 바라보며 거친 걸음을 옮기는데 교복을 입은 학생들이 슬리퍼를 신고 쏜살같이 앞서 나갔다.

🎧 선발대 준비

음악을 전혀 모르는 아이들에게 악기를 가르치는 일이 가능할까? 2016년 가을 나는 네팔 마칼루 '천상의 음악회' 선발대 제의를 받았다. 선발대의 임무는 나눔 클라리넷 앙상블 20여 명 본진보다 일주일 먼저 네팔에 도착하여 학생들에게 음악을 가르쳐, '천상의 음악

체인지 UP

회'를 연주할 때, 네팔 마칼루 세두아 학생들도 함께 참여할 수 있는 음악회를 하자는 취지였다.

다 함께 하는 음악회? 시간은 일주일, 아니 정확히는 5일! 음악을 전혀 모르고 한 번도 음악 교육을 접해본 적이 없는 아이들에게 음악을 가르치고, 나눔 클라리넷 단원들이 1년 이상을 준비한 '천상의 음악회'에서 아이들이 멜로디언, 하모니카를 연주한다? 가능할까?

선발대로 가기 위해서는 많은 것을 준비해야 했다. 무엇보다 내가 운영하는 SOMA 관악기 수리공방을 거의 보름 이상 문을 닫아야 했다. 다행히 주택가 안쪽에 위치해 있어 지나가다 눈에 띄어 들르는 고객보다는 인터넷을 통하거나, 전화로 먼저 예약하고 오는 손님이 대부분이어서 전화 안내 멘트로 해결하기로 했다.

음악을 전공하지도 않은 내가 어떻게 음악을 가르칠지 걱정이 앞섰지만, 음악 전문가인 유미영, 최아영 선생님을 믿고, 나 또한 나의 음악적 기초를 다진다고 생각하고 눈높이를 최대한 낮춰 쉽게 접근할 방법을 찾아보기로 했다. 나는 하모니카를 가르치는 임무를 맡았는데, 초등학생 때 배웠던 어렴풋한 기억 외에 전혀 아는 바가 없었다. 학원을 찾아보았으나 여의치 않아, 교보문고, 영풍문고 등에서 하모니카 기초 교재를 섭렵하여 가장 쉽게 설명해 보이는 교재를 몇 권 구입했다. 그리고 유튜브를 통해 한 달여 이상을 열심히 이론과 실기 연습을 병행하니 쉬운 동요 몇 곡은 자신 있게 연주할 수 있게 되었다.

2016년 11월 네팔 천상의 음악회 후원의 밤 음악회에서 참석한 많은 분의 도움으로 우리는 마칼루 세두아 학교와 선생님, 학생들을 위해 전자 피아노, 멜로디언 30대, 하모니카 30대, 학용품 등 많은 것을 선물할 준비를 마칠 수 있었다. 그러나, 뭐니 뭐니 해도 제일 큰 선물은 선발대가 몇 달을 고민하고 토론해 가며 학생들을 위해 준비한 음악 선물이었다. 선발대로 같이 간 유미영 선생님과 최아영 선생님은 음악 전문가답게 벌써 관악기 호흡법을 위해 풍선을 준비하여 날숨 들숨의 원리를 설명하고, 커다란 차트지에 그림을 준비하여 음악의 가장 기본인 음악 용어 도레미파솔라시도를 알기 쉽게 차근차근 설명해 주었다.

나는 두 분 선생님이 다져놓은 음악 기본 바탕 위에 하모니카라는 악기를 소개하고, 1대씩 나눠 주었다. 악기 잡는 법, 날숨 들숨을 이용하여 어떻게 하모니카를 부는지 등 첫날은 아주 기본적인 내용과 소리 내 보기에 집중해서 가르쳤다. 아직 새 학교 건물로 이사하기 전이라 흙바닥에 곧 무너져 내릴 기세의 가건물 같은 교실이었지만, 학생들의 눈망울은 반짝반짝했고, 마치 스펀지처럼 모든 것을 빨아드릴 자세로 집중했다. 우리가 떠난 후 나중에 학생들에게 하모니카를 계속 가르쳐주기 위한 현지 선생님도 배움의 자리에 함께 앉아 있었고, 창문 너머 들여다보는 호기심 어린 아이들과 생애 처음 듣는 하모니카 소리에 발길을 돌려 몰려오는 동네 주민들의 얼굴이 음악 수업의 열기를 더해갔다.

떴다 떴다 비행기 날아라 날아라
높이 높이 날아라 우리 비행기

반짝반짝 작은 별 아름답게 빛나네
동쪽 하늘에서도 서쪽 하늘에서도
반짝반짝 작은 별 아름답게 빛나네

우리를 바라봤던 네팔 소년 소녀들의 눈망울은 정말 말로 표현하기 어렵다. 정말 우리가 그들의 눈 속에 빠져드는 느낌이라고나 할까? 마치 무슨 스펀지처럼 우리의 한 마디, 한 동작도 놓치지 않고 빨아들이고, 집에 가서도 온 동네가 떠나갈 정도로 밤늦게까지 연습하는 소리가 일주일 내내 끊이지 않더니 마침내 기적처럼 '천상의 음악회'에서 멜로디언과 하모니카 곡들을 외워서 연주하고, 고향의 봄을 우리나라 말로 노래했다. 정말 그 순간만큼은 모든 사람이 음악으로 하나가 되는, 음악으로 100%의 행복이 꽉 찬, 이 세상에서 느낄 수 없는 천상의 세계에 있다는 느낌과 감동이었다. 나는 참석했던 모든 사람의 눈 속에 새로운 빛과 소망이 솟아오름을 보고 느끼며, 내 마음속에도 작은 불꽃이 번뜩이는 느낌을 받았다.

*"내가 연주하는 음악이 그저 내 취미로 하는 것이 아니고, 다른 사람의
삶에 소망을 불어넣고 생명을 살릴 수도 있겠구나."*

운명적 만남

: 왜 서울 나눔 클라리넷 앙상블은 특별할까?

🎧 공통의 가치

서울 나눔 클라리넷 앙상블은 '작은 한 사람이라도 원한다면 그 필요를 채워주는 것이 진정한 음악이요, 진정한 음악가의 자세이다' 라는 공통의 가치를 추구한다. 단순한 취미를 뛰어넘어 이러한 뚜렷한 목표와 가치를 공유하고 있기에, 역설적으로 단순한 취미로, 시간 때우기로, 어울림을 위해서, 또는 "이런 음악을 취미로 하고 있어"라고 허세를 부리려는 사람들에게는 다소 버텨내기 힘든 모임이다. 그야말로 열심히 즐겁게 고통을 감내하는 모임이다.

정기연주회보다는 오히려, 공통의 가치 실현을 위해 평일, 휴일 자신의 시간과 돈을 즐겁게 기꺼이 투자하여, 장소나 대상과 관계없이 찾아다니고, 이러한 생명을 살리는 연주는 평소에 훈련이 안 되어 있으면 불가능하므로 진정으로 열심히 연습한다. 1년에 한두 번 정

도 정기연주회를 하고, 친목 도모를 목표로 하는 대부분의 모임과
는 달리, 음악을 통한 자기만족, 자기 힐링을 뛰어넘어 다른 사람의
생명을 살리는 데까지 이르기 위해 부단히 노력한다. 삶의 우선순위
가 분명하다.

헌신적인 지휘자의 진정성·전문성·지속성

나눔 클라리넷 앙상블은 매주 월요일 오후 7시부터 연습을 시작
한다. 2010년도 서울 나눔 클라리넷 앙상블에 가입한 이래 지휘자
인 김문길 선생님은 1년 52주 단 한 번도 (설 연휴, 추석 연휴 등을 제외) 쉬는
적이 없고 7시 정각인 연습 시간에 늦는 것을 본 적이 없다. 그만큼
지휘자의 헌신과 열정이 모든 단원에게 귀감이 되어 그가 추구하는
공통의 가치를 실현하기 위해 한마음 한뜻이 되어 진정성, 전문성,
지속성을 추구해 나간다.

가족 같은 단원들 간 선의의 경쟁과 열정,
   그리고 따뜻한 배려심

2020년 바티칸 성당의 연주 초대를 받았다. 그러나 아쉽게도, 코
로나로 바티칸 성당 연주 일정은 물론, 시칠리아에서의 음악회 등
이탈리아에서의 모든 일정이 무산됐다. 여행사에 경비의 상당 부분
을 미리 지불했어야 했는데, 코로나로 이 여행사도 파산지경에 이르
러 지불했던 돈을 모두 날릴 위기에 처하고, 어쩌면 나눔 클라리넷

앙상블이라는 존재 자체가 돈 문제로 와해될 위기에 처했었다. 지휘자 선생님의 각고의 노력 끝에 여행사 사장을 설득하여 우리가 지불한 금액의 일부만이라도 겨우 돌려받을 수 있었는데, 이에 누구도 불평불만을 표하지 않고 수고한 지휘자께 오히려 감사하며 모두 한마음으로 격려했다.

가족이나 친한 친구 사이에도 돈 문제가 얽히게 되면 분쟁과 다툼이 일어날 수 있는 이런 상황에, 어떻게 성장 배경이며 모든 환경이 다 다른 사람들이 모인 조직인데 이렇게까지 남을 배려할 수 있을까? 어려움을 당해보면 그 사람의 진면목을 알 수 있게 된다고 한다. 아무도 예상하지 못했던 난관에 봉착했을 때, 그것을 해결해내고자 최선을 다한 지휘자, 결과물에 대하여 모두가 다 그 수고를 격려하고 받아들이는 모습을 통해, 어쩌면 피만 안 나눴지 가족보다 더한 사랑과 배려의 공동체라는 확신이 든다.

🎧 다양성

서울 나눔 클라리넷 앙상블 구성원은 매우 다양하다. 우선 연령별로는 20대부터 70대의 넓은 스펙트럼을 갖고 있고 남녀 성비도 거의 50:50을 이루고 있다. 음악 전공자와 비전공자부터, 변호사, CEO, 교사, 주부, 학생, 자영업자, 카메라 감독, 관악기 수리사 등 여러 직군의 다양한 직업을 가진 사람들이 있다. 그 안을 좀 더 들여다보면, 부부, 가족(부부와 자녀), 친구, 같은 교회 교우 등 날줄 씨줄로 묘하게 연결되어, 생명을 살리는 음악이라는 평생의 짐을 가볍게 즐겁게 짊어지고 나아갈 수 있는 힘을 제공한다.

또 크게는 clarinet 1, clarinet 2, clarinet 3, clarinet 4, Alto clarinet, Bass clarinet 등 6개의 파트로 악보를 나누어 자신의 처지와 여건에 맞는 파트에서 활동하며 클라리넷의 폭넓은 음역대의 소리 조합과 화음을 통해 혼자 연주할 때와는 상상하기 힘든 클라리넷의 매력을 만끽할 수 있다. 특히, clarinet 4파트의 경우, 좀 더 세분화하여 clarinet 4-2파트 악보를 따로 준비하여 입문자의 soft landing을 돕고 있다.

🎧 끊임없는 변화와 성장

2010년 8월 처음으로 중부대 음악대학에서 열린 여름 캠프에 참석했다. 입시생들 위주의 캠프 프로그램에 단원들이 함께 참여하여 그동안 사회생활로 바빠서 충분하지 못한 클라리넷 레슨을 일주일 정도 집중적으로 받으며 실력 향상을 꾀하는 프로그램이었다. 시간표는 간단했다. 오전 7시~8시 롱톤 연습, 아침 식사, 오전 연습(지정곡 선생님 지도하에 연습), 점심 식사, 오후 개인 연습+선생님 지도하에 연습, 저녁 식사, 개인별 발표회(그날 하루 연습한 지정곡 돌아가며 발표하기), 평가회, 자유시간, 취침……. 일주일 또는 2박 3일의 이러한 캠프를 여름 겨울로 하고 나면 클라리넷에 대한 집중도가 높아져 자신도 모르게 실력이 일취월장하고 있음을 느끼게 된다.

코로나로 모든 모임이 중단된 어려운 상황에서도 연습을 멈춰 본 적이 없다. 지휘자 선생님이 매주 월요일 직접 구석구석 연습실을 방역하고, 방역지침을 준수하며 파트별 연습을 시키고, 부족한 연습을 보충하기 위하여 매월 첫째 주 일요일 파트별 캠프를 하고, 또한 개인별 실력 향상을 위해 꾸준히 향상음악회를 실행하여 생명을 살리는 음악을 위해서는 잠시도 정체되어서는 안 된다는 각오를 새롭게 한다.

운명적인 만남…. 내 삶의 한 획을 긋는 터닝 포인트와 같은 만남을 경험한 적이 있는가? 평생을 같이 갈, 하늘나라 가는 길까지 결코 외롭지 않은 축복의 길이 될 것이라는 확신과 믿음을 주는 모임. 나는 서울 나눔 클라리넷 앙상블을 통해 새로운 인생 항로를 개척하고 있다. 같이 동참해 보시라고 강력히 권고하고 싶다. 음악을 통해 자신이 새롭게 태어남은 물론 타인의 생명을 살리는 놀라운 경험을 하게 될 것이라고.

꿈은 계속되고

돌이켜보면 나의 삶은 클라리넷을 시작하기 전과 클라리넷을 시작한 후로 나눌 수 있을 것 같다. 좀 더 세분하여 말한다면, 서울 나눔 클라리넷 앙상블에 가입하기 전과 후의 삶이라고나 할까? 성인이 되어 사회에 진출하고, 직장생활 하며 무척 바쁜 삶을 그냥저냥 안정적으로 살고 있을 때는 뚜렷한 삶의 목표나 꿈같은 것은 특별한 사람들의 이야깃거리려니 하며 무심히 세월을 보내고 있었던 것 같다. 그런데 서울 나눔 클라리넷 앙상블에 가입하여 활동하면서 어느 순간부터 삶의 우선순위가 분명하게 정해지기 시작했다. "정말 보이지는 않는 손길이 있구나"라고 가슴 뛰게 하는 일련의 사건들을 경험하면서, 서울 나눔 클라리넷 앙상블에서의 꿈이 커져가는 가운데, 어느덧 내 꿈도 함께 자라고 있음을 발견하게 된다.

2017년 히말라야 '천상의 음악회'의 여진은 귀국 후에도 내 삶에 계속 꿈틀대며 언제 터질지 모르는 휴화산처럼 나를 흥분시키고 있었다. 천상의 음악회 후 아이들의 선한 눈망울에 맺혀 있던 눈물이

잊히지 않았고 다시 방문하여 아이들의 성장한 모습을 꼭 확인하리라는 마음속의 다짐을 새롭게 하고 있었다. 돌연 대학 시절 교회 선후배들과 함께 시작했던 대신야학이 생각나며, 밤늦은 시간에도 졸린 눈을 비벼가며 그야말로 스펀지처럼 모든 것을 흡수하던 어린 학생들의 그 열정 어린 눈망울과 같다는 생각이 들었다. 지금은 아파트가 들어서 있지만 허름한 주택들이 즐비했던 이화여대 언덕 골목골목을 다니며 야학 개설 전단지를 나눠주고 붙여가며 학생들을 모집했던 기억이 새롭게 다가왔다. 그때 그 어린 학생들이 배움의 열정으로 매일 교통도 편치 않았던 곳을 찾아와 즐겁게 밤을 보냈던 시간이 꿈만 같았다.

코로나 이전에 대신야학을 졸업한 학생들이 모였을 때, 이제 같이 나이 들어가며 어엿하고 반듯한 사회인으로 성장한 모습을 보고, 정말 감회가 새로웠고 참으로 감사하다는 생각밖에 안 들었다. 1980~90년대에 같이했던 야학 학생들이 어엿한 사회인으로 반듯하게 성장했듯이 네팔 아이들도 그렇게 성장하여 네팔이나, 한국, 혹은 지구촌 어느 곳에선가 기쁘게 재회할 날이 오지 않을까? 어쩌면 내가 가진 조그마한 재능을 나누는 게 그 당시는 대수롭지 않게 보일지는 몰라도, 세월이 흐르며 그것이 뿌리를 단단히 뻗쳐 나가게 하는, 눈에 보이지 않는 자양분이 되게 하는 것이 아닐까?

서울 나눔 클라리넷 앙상블과 함께 국내외 곳곳의 연주 봉사를

체인지 UP

하면서 나는 클라리넷이라는 악기를 통해서 무언가 할 수 있다는 꿈을 계속 꾸게 되었다. 교회에서는 아내와 함께 2018년 클라교실을 개설하여 초등학생 아이들은 물론이고 50~60대 성인들에게 클라리넷을 가르치게 되었다. 그분들 중 한 분은 꾸준히 연습하여 지금은 교회에서 같은 앙상블 단원으로 매주 연주에 참여하는 것은 물론 서울 나눔 클라리넷 앙상블 단원도 되어 클라리넷으로 열심히 제2의 인생을 즐기고 있다.

가슴 아픈 사연도 있다. 교회 클라교실을 통해 클라리넷을 사랑하게 되어서 여러 사람에게 본이 되게 너무도 열심히, 특출나게 잘하셨던 분이 계셨는데, 암이 재발하여 일찍 하나님의 부르심을 받았다. 장례식 새벽 발인예배 때, 그분과 같이 연습했었던 곡을 아내와 같이 클라리넷 이중주로 연주해드렸다. 그분의 임종을 직접 지켜보진 못했지만, 하늘나라 가시는 여정을 클라리넷으로 축복해 드릴 수 있어 유가족들과 예배에 참석하신 분들에게, 무엇보다 우리에게 큰 위로가 되었다.

2000년도부터 약 20여 년간 '하예성'이라는 남성 아카펠라 중창단에서 매주 목요일 저녁 7시 반부터 신촌 세브란스 병동 찬양을 하고 있는데(코로나 사태 이후 병동 찬양이 아직까지도 전면 금지되고 있어 아쉽게도 모임은 일시 중단 상태이나 단원들 간의 번개모임은 지속되고 있다), 병동 찬양의 특성상, 암으로 일찍 세상을 떠나게 되는 환자의 병실에 초대받아 환자에게 마지막 찬양을 들려주곤 한다. 그런 날은 마음이 무겁고 착잡하고 무기력해짐을 느낀다. 그러나 죽음이 짓누르는 듯한 병실에서의 5분여 짧은 찬양이지만 후에 유가족들이 그 찬양에서 힘을 얻고, 그 환자가 편안히 눈을 감을 수 있었다는 말을 들으면, 한 주간을 기다리게 하는 힘이 되고, 지금 건강하게 살고 있음에 감사하는 자기 힐링의 효과를 보게 된다.

누군가의 마지막을 지켜보며 떠나보내는 것은 분명 괴로운 일이나, 음악은 출구가 없어 보이는 그 막막함 가운데서도 한 줄기 빛을 발견하게 하고 소망과 위로를 줄 수 있는 것 같다. 일전에 지휘자 선생님과 앰뷸런스 모임에 관해 얘기한 적이 있다. 임종을 앞둔 환자를 찾아가 그분이 원하는 음악을, 찬양을 마음껏 연주해 주는 그런 봉사에 대해서, 그런 꿈에 대해…… 언제부터인지 서울 나눔 클라리넷 앙상블의 가족이 된 이후 나는 계속 꿈을 꾸는 좋은 습관을 갖게 되었다.

아내는 아직도 직장생활을 하고 있다. 그야말로 커리어 우먼이다. 대학을 졸업하고 일을 시작하면서 중간에 쉬거나 포기하는 일이 없이… 일을 할 때는 무섭게 집중하여 해결책을 찾아야 직성이 풀리는, 그야말로 자신의 분야에서 자타가 인정하는 프로페셔널이다. 그래서일까, 클라리넷은 아내에게도 팽팽하고 긴장된 사회생활 가운데서, 한숨을 돌리며 긴장을 이완시키게 하는 완충재 역할을 하는 것 같다. 코로나 사태 이전부터 우리는 아내가 은퇴한 후 무엇을 하며 어떻게 살까를 고민하고 있었는데, 공통분모는 역시 클라리넷이었다.

전국 지방 도시 한 군데에서 2~3년씩 살아보기로 했다. 요즘은 지방에도 지역문화센터 등이 있는 곳이 많다 한다. 그러나 아쉽게도 하드웨어는 갖춰져 있으나 소프트웨어, 즉 문화교실을 실질적으로 운영할 선생님들이 턱없이 부족하다고 한다. 경제적, 지리적 여건 등이 충족되지 않기 때문이리라. 자연을 즐기며, 클라리넷을 가르치고, 관악기를 수리해주고, 주일에는 시골 작은 교회에서 기회가 되면 클라리넷 이중주 특송을 하고, 월요일은 나눔 클라리넷 앙상블 연습을 위해 서울 나들이를 하고……. 그러나 이 같은 꿈을 이루기 위해서도 많은 준비가 필요하다. 무엇보다도 남을 제대로 가르치기 위해서는 제대로 배워야 하기에, 우리는 둘 중 한 명이 음악 교육을 제대로 받고 학위를 취득하여 자격을 갖춰나가기로 했다. 마침 지휘자 선생님도 연주자 과정 진학을 제안하시기도 해서, 지휘자 선생님의 소개로 음악대학원 진학 준비를 시작했다.

제일 큰 문제는 연주할 곡을 전 악장 외우는 것이었다. 금방 봤던 것도 고개 돌리면 잊어버리는 이 나이에…. 그러나 궁하면 통한다 했던가? 한 달을 죽으라고 파고들었더니 마침내 악보 없이 연주할 수 있었고, 음악대학원에 첫발을 디딜 수 있었다. 기쁨도 잠시, 본격 고난 행군은 이제 시작이었다. 그러나 꿈이 있기에 그 고난이 앞뒤

PART 1 인생 악기 있나요

53

없는 걱정이나 근심이 아니고, "Every cloud has a silver lining"이라는 격언처럼 구름 뒤편에 있을 밝은 은빛과 같이 이 어려운 과정 뒤에는 반드시 즐거움이 따를 것이란 믿음을 갖게 된다.

내가 좋아하는 영어 단어 중에 attitude란 단어가 있다. 한국말로 하면 자세, 태도 등을 의미한다. 로마자 알파벳을 순서대로 나열해 숫자를 부여한다고 가정했을 때(a=1, b=2, … z=26), attitude(a:1+t:20+t:20+i:9+t:20+u:21+d:4+e:5=100)는 100점 만점의 단어이다. 제2의 삶, 인생을 준비하는 것도 우리의 마음가짐, 태도에 달려 있는 것 같다. 좋은 꿈을 계속 꾸며, 그 꿈을 이루려는 attitude…. 나는 오늘도 서울 나눔 클라리넷 앙상블을 통해 새로운 꿈을 꾸고 있다.

클라리넷 연주로 얻는 변화들

·

박길홍

체인지 UP

히말라야에서 본 클라리넷 연주 모습

2005년 초 KBS는 히말라야 희망원정대를 꾸려 안나푸르나 푼힐 등반을 계획하고 준비했다. KBS 제3라디오 장애인 특집프로그램에서 히말라야에 장애우들과 등반하여 "나도 할 수 있다"는 희망을 주기 위해 기획한 프로젝트였다. 성공할 수 있을까? 정말 심각한 장애가 있는 그들을 우리가 험난한 히말라야로 데리고 갈 수 있을까?

이 프로젝트는 1992년 겨울 KBS 제작팀 PD가 동남아 정글 현장에서 풍토병으로 현장에서 사망하고 그때 라디오 제작국에서 근무하게 된 그 PD의 아내가 2005년 기획한 것이었다.

만나서 이야기를 들어보니 라디오 본부에서 500만 원의 예산을 편성 받았다는 것이다. 턱없이 적은 예산이었지만, 나의 절친 다큐멘터리 김 PD와 내가 돕기로 하여 서로 휴가를 내고 각자 경비를 내서 히말라야 희망원정대 촬영을 지원해 방송하기로 했다. 희망원정대 리더는 엄홍길 산악대장이 적격이라 생각하고, 도와 달라 전화를 하니 엄 대장이 곧바로 택시를 타고 여의도로 왔다. 본인도 시간을 내고 경비도 따로 부담하겠다고 선뜻 이야기한다. 이렇게 감동적인 만남이 성사되면서 서울에서 멘토들을 모집하고 1차 산행, 2차 산행을 하며 우면산과 북한산 등에서 훈련을 했다.

 산행은 우리가 예상했던 것보다 훨씬 힘든 작업이었다. 우면산 산행은 보통 일반인들이 한 시간 반이면 될 거리를 저녁이 다 되어서야 하산하게 되었다. 하산 후 예술의전당 건너편 식당에 모여 히말라야 가기까지의 상황을 설명하니 멘토로 참여한 분들이 너도나도 손을 들고 우모복을, 나는 등산복을, 나는 경비를… 이렇게 스폰을 해주면서 그 자리에서 오병이어의 기적이 벌어졌다. 그 상황에서 서로를 보니 감격의 눈물이 흘러내렸다.
 이렇게 준비한 희망원정대는 2005년 초 안나푸르나 푼힐로 등반을 떠났다. 등반대장인 엄홍길 대장, 그리고 장애우 10명, 멘토, 의료인, 방송인 등 50여 명이 네팔 카트만두로 출발했다.

 카트만두 안나푸르나 호텔에 짐을 풀고, 내일은 포카라로 경비행기를 타고 갈 예정이다. 안나푸르나를 가려면 포카라까지는 비행기를 타고 가야 시간이 절약된다. 식사를 하고 각방으로 해산할 때 엘리베이터 타기가 쉽지 않다고 장애우들이 불평한다. 내일부터 어떤 길이 그들 앞에 다가올지 생각도 못 하는 것 같다.

카트만두 국내선 공항에서 포카라 가는 비행기를 탑승하기 위해 짐들을 부치는데 큰 추 저울에 짐들을 올려놓는다. 꼭 60년대 우리 나라 시골 대합실 같다. 닭들도 다니고 개들도 어슬렁거리며 먹을 것을 찾는다. 대기하는 동안 장애우들이 화장실을 간다고 일어서는데 다녀와서는 화장실 사용하기가 너무 힘들다고 불평이다. 아마 양변기 화장실이 아니었나 보다. 이곳에는 호텔 외에 그런 화장실은 잘 없다.

쌍발 경비행기에 오르고 안전벨트를 매고 나니 스튜어디스가 사탕 같은 작은 솜들을 나눠준다. 무엇이냐고 하니 귀에 끼우라고 한다. 그리고 사탕들을 나눠준다. 50분 정도 비행하는 중에 창밖에 히말라야 설산들이 펼쳐진다. 포카라 비행장에 도착한 일행들은 큰길가 옆 숙소에 도착하여 짐들을 풀고 내일 산행 갈 준비를 한다. 아침이 밝아오고 물안개가 뽀얗게 핀 페화 호수 곁으로 버스를 타고 산길까지 타고 간다. 비포장 길을 덜커덩하며 언덕을 오르기 시작한다.

이후 시작된 평범한 등산길이 그들에겐 엄청난 일이다. 각기 다른 장애 10명이다. 어떤 이는 지체 장애, 소아마비, 하반신 불구, 하반신이 없는 등. 장애우 1명에 멘토 3명 등 50여 명이 긴 줄을 만들며 장애우 한 명씩 들고 업고 들것에 매고 각기 여러 형태로 그들을 조금씩 위로 위로 올린다. 이것은 등반이 아니라 옮기는 작업이 맞을 것 같다. 너무 힘을 줘서 붙들면 뼈가 약한 이는 골절의 염려도 있어 모두가 신경을 쓰며 산행을 돕는다.

이들이 산행을 하는 것 모두 인솔하고 안전을 책임진 엄홍길 대장이 걱정이 많다. 1m 언덕 올라가는 것도 힘든 이들이 3200m 푼힐까지 간다는 게 기적이다. 하반신 없는 장애우는 팔로 딛고 올라간다. 그런 모습을 보는 멘토들은 안쓰러운 마음뿐이다. 그런 그들이 부러워한 장애우가 있는데 바로 앞을 못 보는 시각 장애우이다. 손만 잡아주면 언덕을 성큼성큼 오른다.

며칠을 오르고 해 질 무렵 2900m 고라파니 마을에 도착해 짐을 푸는데 여기저기서 탄성이 터졌다. 앞에 펼쳐진 눈이 덮인 하얀 병풍 같은 히말라야산맥에 석양의 붉은 기운이 닿아 불타오른다. 그 황홀한 석양을 본 모두가 감동해 울음을 터뜨린다. 어떻게 세상이 이런 모습이었는지~ 장애우들은 태어나서 이런 광경을 처음 보리라. 그들도 자신들이 어디에 와 있는지 생각하고 있을 수 없는 일이 펼쳐진 것에 대한 감격과 자연이 주는 황홀함에 취해 있을 때 무덤덤하게 앉아 있는 시각 장애우는 무슨 일이 일어난 줄도 모른다.

언덕을 오를 때 그를 부럽게 생각한 다른 장애우들이 오히려 그를 바라보고 다가가 부둥켜안고 눈물을 흘렸다. 한참 상황을 듣던 그가 배낭에서 뭔가 꺼내 조립했다. 바로 클라리넷이었다. 조립을 마친 그가 일어서서 연주를 하는 게 아닌가. 히말라야를 배경으로 서서 악기를 잡은 실루엣 그 모습은 너무나 강렬하여 나의 눈에 정확하게 들어왔다. 불타는 히말라야산맥을 배경으로 연주하는 모습은 케니지가 이곳에 온 듯했다.

그 모습을 정신없이 촬영한다. 나의 숨소리가 더 크게 들리는 중에 연주는 시작되었다. 나에게 감동으로 들려온 'Amazing Grace'다. 불타는 히말라야 석양 속에 서 있는 저 친구는 멋지게 연주를 하는 연주자이다. 그 자리에 있는 모든 이들에게 감동을 주고 보이는 모습의 가치를 상승시켜주는 감성적인 연주가 나의 가슴에 확실히 정리되어 버렸다. 빨려 들어가는 감정을 카메라에 담느라 정신이 없다. 순간을 놓치지 않고 열심히 카메라를 돌리며 나는 다짐한다. 서울 가면 클라리넷을 꼭 배우리라고.

이렇게 음악이 전해주는 모습은 우리가 생각하는 것보다 더 크게 나타나고 오래도록 그 광경을 기억나게 한다. 힘들고 추웠던 기억보다 눈 앞에 펼쳐진 멋진 광경과 흥분된 모습을 기억나게 하고, 보는 이들의 가슴을 감동으로 더욱 녹여주었으며 우리의 마음을 훈훈하게 만들었다. 특히 새로운 경험을 한 나의 마음을 결정케 한 감동의 연주는 이제 나를 또 다른 모습으로 계속 변화시켜 생각지도 못 한 일들을 하게 했다.

퇴직연에서의 멋진 연주

어려서 보았던 친구 아버님의 악기 부는 모습이 어렴풋이 기억에 남아 있었다. 나도 나이 들면 인생 악기를 연주해 보리라고 생각했는데. 기회가 되어 시작하고는 어느 정도 익숙해지자 기왕이면 나의 은퇴식에서 멋진 연주를 하면 좋겠다 꿈꾸고 있었다.

1972년 중학교 때였던 것 같다. 친구 집에 놀러 갔는데 그때 학교 선생님이셨던 친구 아버님이 응접실에서 악기를 연습하고 계셨다. 어떤 음악인지는 기억나지 않지만 부드러운 음색과 차분한 선율이 좋게 느껴졌다. 응접실에서 연습하시는 아버님의 그 모습이 참 멋지게 보였고, 세워둔 보면대와 악보, 그리고 처음 본 검은색 악기를 보고, 친구와 이야기하는 중에도 아래층에서 들려오는 악기 소리가 기억되었다.

2015년 KBS 히말라야 희망원정대에서 본 클라리넷 연주 모습이 너무나 강렬하여 그 후 서울에 돌아와 악기 배우기를 실천하게 되었다. 선배들 퇴직연에서 축하 연주를 한두 번 하기도 했다. 그러다가 나의 퇴직 자리에서 그동안 수고했노라고 격려하며 후배들에게 남기는 답사의 시간에 클라리넷을 연주하는 것이 좋겠다는 생각을 하게 되었고, 나에게도 정년퇴직이라는 시간이 다가옴에 따라 그 순간이 기다려졌다.

2015년 9월 말 금요일 저녁 그날 KBS 촬영감독 협회에서 렌트한 1층 와인바는 더워서 통창을 다 열어놓고 테라스에도 앉아 식사도 하고 와인도 마셨다. 서산에 해가 저물어 어둠이 짙어 색온도 차이로 맑은 하늘이 보이는 분위기에 나는 마이크 앞에 나와 후배에게 퇴직 인사말을 해야 하는 시간. 조금은 떨린다.

행인들이 창문 너머로 이곳을 들여다본다. 참석자들이 퇴임사를 재촉하는 박수를 친다. 마이크를 잡고 그동안 "고맙고 감사한 기억뿐"이라며 짧게 이야기하고 말을 더 하기보다는 내가 연주를 하는 게 어떠냐고 물으니, 좋다고 환호를 한다. 아마 그때 나는 마이크를 잡고 35년의 세월을 돌이켰다면 몇 마디 이야기 못 하고 목이 멜 것 같았다.

천천히 악기를 조립하여 주변을 보니 다들 나를 가만히 지켜본다. 마이크를 악기 가까이 대고 소리가 잘 퍼지도록 하고 차분하게 롱턴 하듯이 그동안 연습해온 것처럼 천천히 한 음 한 음 최선을 다해 열정적으로 악기를 불기 시작했다. 연주한 곡은 19세기 중엽 아일랜드 북부 민요 'London Derry Air', '당신의 가슴을 장식하는 능금 꽃이 되고 싶다'라는 사랑의 노래를 1913년 프레드릭 에드워드 웨드리가 새로 쓴 'Danny Boy'인데 전쟁터에 출정하는 아들을 보내는 어버이의 사랑 노래였다. 저음으로 평범하게 시작하다가 후반부로 가면서 점차 고조되며 재즈풍으로 마무리되자 여기저기서 박수 소리가 들린다. 그동안 35년의 세월이 순식간에 흐르는 느낌이 들었다. 가슴이 짠한 분위기였다. 동료들은 물론 바깥의 행인들도 스피커에 나오는 연주곡을 듣고 앵콜 앵콜 하며 박수를 보내왔다. 다시 악기를 잡고 그동안 많이 도와줘서 지금까지 잘 왔고, 감사했으며 같이 일한 기억을 잊지 않겠노라고 한마디 하고 두 번째 곡으로 연주를 시작하니 와인바 안에 있는 동료들이 금세 흥얼거리며 노래를 따라 부른다.

"오랫동안 사귀었던 정든 내 친구여 작별이란
웬 말인가 가야만 하는가… 어디 간들 잊으리오
두터운 우리 정 다시 만날 그날 위해 노래를 부르자~."

연주하는 내내 왜 이리 눈물이 흐르는지 알 수가 없다. 그동안 알게 모르게 싫었든 좋았든, 그 기억들 그 모습들이 서로 엉키는 듯 실내는 노래와 눈물로 지난 35년간의 나의 모습이 주마등처럼 지나간다. 오지에서의 촬영이며, 내전 속에서의 취재며, 숨이 막히는 고산에서의 싸움, 밤샘 작업하며 드라마 촬영하던 그 시간들이 정말

체인지 UP

빨리 스쳐 지나간다. 서서히 연주가 끝날 무렵, 지난 그 숱한 시간들이 이 음악 속에 눈처럼 녹아내리는 기분이다. 이제 한 주 후면 매일 출근하던 방송국에 손님으로 간다는 생각을 하니 눈물이 앞을 가린다. 분위기가 모두 그랬다. 떠나는 이의 마음이 느껴졌는지 창밖의 행인들도 하나둘 박수를 친다. 와인바 안에서의 동료들도 천천히 박수를 이어간다. 그리고 동료들이 몰려와서 얼싸안으며 같이 그 기분을 느껴준다. 그 순간 엉켜있던 그 모든 게 하나둘 풀리는 듯했다. 내가 생각할 때 이렇게 감동적인 퇴직연은 없었던 것 같다.

그렇다. 어떤 말을 멋지게 해서 과연 이런 감동을 느낄 수 있었을까 하는 생각이다. 이렇게 음악이 주는 감동은 상상 이상의 모습으로 나타나는 것 같다. 그래서 퇴직 후 따분할 것 같았던 인생에 또 다른 목표가 생기고, 바빠지고 풍성하게 맞이할 수 있었던 것은 내가 악기를 시작했기 때문이라 늘 생각한다.

천상의 음악회에서의 감동

나눔 클라리넷 앙상블과 함께한 지 몇 년 후 어느 날, 친숙해진 단원들이 감독님은 어떻게 악기를 시작했냐고 묻는다. 그래서 지난 희망원정대의 일화를 이야기하니 듣던 단원들이 우리도 네팔 아이들에게 연주하러 가자고 한다. 정말 단원들이 진심으로 그걸 바라는지 생각한다. 그렇게 엄홍길 대장과 협의하여 네팔 휴먼재단 제9차 학교 준공식에서 우리 단원들이 "천상의 음악회"를 열기로 했고 2017년 2월에 드디어 23명의 단원들과 스태프들이 마칼루로 향했다.

인천공항에서 카트만두에 도착한 다음 날 아침 툰밍타르로 경비행기를 타고 떠났다. 창밖으로 보이는 히말라야산맥이 장관이었다. 좌우로 길게 펼쳐진 설산의 연봉이 장엄하고, 신비스럽게 느껴졌다. 2년 전 희망원정대 때의 그 히말라야는 그대로 거기에 위용 있게 서 있었다.

툰밍타르에 도착해 늦은 점심을 먹고, 5인승 지프에 나눠 타고 비포장도로를 먼지를 풍기며 롤러코스터 타듯이 4시간 이상을 달렸다. 가다가 풍경이 좋은 곳에서 내려 마을에서 연주하기도 했다.

저녁 무렵 롯지 눔에 도착했다. 10여 채 민가가 있는 마을에 나무와 함석 슬레이트를 대충 엮어 만든 2층집이었다. 방 안에서 말하는 소리가 옆방에 고스란히 들리는 그런 형태였다.

새벽 5시 기상하여 따뜻한 차를 마시고 간단히 식사를 하고 곧바로 출발했다. 나는 "인간극장" 팀에게 본대 출발에서부터 세두아 학교 도착까지의 모든 일정을 촬영하여 전달해주기로 했다. 단원들 챙기랴 촬영도 하랴 맘이 바쁘다.

눔에서 목적지 마칼루 세두아로 가는 길은 깊은 계곡으로 내려갔다가 강을 건너고 다시 올라가는 코스인데 산행을 잘하는 이들은 내려갈 때 2시간여, 올라갈 때 4시간여 걸린다고 했다. 우리 일행은 총 8시간으로 산행 일정을 잡았다. 내려가는 길도 바위투성이고 당나귀 배설물이 곳곳에 널려 있어서 발을 조심조심 디디며 스틱에 의지하여 힘겹게 내려갔다. 단원들의 이런 모습을 놓치지 않으려고 먼저 가서 찍고 뒤따라가며 촬영했다.

계곡을 다 내려오니 강에 설치된 출렁다리를 건너고 이제 다시 V자 계곡을 올라갔다. 이제 다시 정상을 향해 경사 높은 계곡을 올랐다. 올라가는 길은 만만치 않았다. 단원들이 한두 명씩 처지기 시작했다. 걱정이다. 연주회가 3시니 그전에 올라가서 식사도 하고, 리허설도 하고 옷도 갈아입어야 할 텐데, 속도가 나지 않았다. 이렇게 지치면 연주하기가 쉽지 않겠다는 생각이 들었다. 앞뒤로 다니면서 단원들 촬영하고, 독려하는 나의 맘이 바빴다.

그런데 잠시 쉬던 단장님이 "박 감독님, 올라갈 수 있는 분들만 올라가서 연주하면 어떻겠어요?" 한다. 큰일이다. 단장님이 많이 힘드신가 보다. 여기서 무너지면 안 되는데…. 음악회 기간 생일을 맞은 단장님은 칠순이셨다. 무조건 같이 가서 연주하셔야 했다. 서울에서부터 이곳에 오기까지 얼마나 준비하고 연습하고, 산행도 하며 훈련을 했는데……. 계곡을 오르는 내내 땀이 나고 지쳐 가는데 길이 정말 만만치 않았다. 그렇게 허덕이며 베이스캠프에 도착하니 엄홍길 대장과 선발대가 우리를 반겼다. 정말 기쁘게 맞이했다.

선발대는 일주일 먼저 도착해 세두아 학교 아이들 음악 수업도 하고 하모니카, 멜로디카와 합창을 지도하며 그 마을에서 함께 지내며 본대가 도착하면 같이 "천상의 음악회"를 열 준비를 했다. 마칼루에 세워지는 세두아 Shree Hemadri Secondary School은 개교된 지 50여 년인데 시설이 너무 열악하여 이번에 엄홍길 휴먼재단이 학교 건물을 신축해 주었고, 하나금융지주회사에서 전액 지원하여 세운 학교로써 준공식에 하나금융 회장이 참석했다.

시간이 지연되어 리허설도 없이 음악회는 오후 3시에 곧바로 시작했다. 그 이유를 물어본 하나금융 회장은 교장 선생님에게서 이곳

체인지 UP

은 산이 깊어 음악회가 끝나고 해가 지면 어두워져서 집에 가기가 어렵기 때문이라는 설명을 들었다. 또 유일한 화장실이 칸막이도 없는 공동화장실이라 여학생은 창피해서 학교를 안 다닌다는 사실도 알았다.

천상의 음악회 중에 아이들이 함께하는 "나의 살던 고향" 합창을 듣고 있던 모두는 눈시울이 뜨거워졌고, "레 썸 삐릴리"를 연주할 때는 온 마을 사람들이 덩실덩실 춤을 추는 축제의 장이 되었다. 청중들이 박수로 화답한 천상의 음악회가 드디어 끝나고 감동이 채 가시지 않았을 때, 하나금융 회장이 마이크를 잡았다. 오늘 너무 감동을 받았다고 이야기하면서 학생들이 어두워 집 가는 어려움을 해결해 주기 위해 기숙사와 식당을, 화장실도 남녀 따로 칸막이를 짓도록 추가 건설을 약속했다. 우리 모두 김 회장님의 감동적인 약속을 듣고 감격의 환호성을 질렀다.

현장은 단원들과 헤어짐이 아쉬운 아이들의 울음바다로 변했다. 이 모습을 바라보는 모든 이의 눈가엔 촉촉이 눈물이 맺혔다.

이것이 음악이 주는 기적이 아닐까 한다. 언어는 달라도 문화는 달라도 상상 이상으로 우리의 가슴을 감동하게 해 주는 것이다. 음악은 취미를 넘어 사람을 감동시키고, 변화시키고, 새로운 삶을 만들어 준다. 그래서 이렇게 열정적으로 동참하는 것이리라.

나눔 연습으로 돌아오는 기쁨

　나눔의 연습은 매주 월요일 방배동 지하 연습실에서 행해진다. 7시가 되면 정확히 연습이 시작되고 중간에 10분 정도 쉬고 다시 맹연습이다.

　우리의 음악을 원하는 곳이면 어디든 가서 연주하겠다는 나눔 창단 취지를 기억하고 늘 준비하고 연습한다. 그들은 왜 이렇게 연습하고 자신의 시간을 투자하고 많은 일정과 계획을 하는가? 그리고 그들은 무엇으로 보답받는가?

　나눔에 들어온 지 얼마 후 연주회를 위한 캠프를 갔다. 중부대학에서 숙식을 하며 캠프를 하는데 연습 시작 시간인 7시이다. 정말 그 시간에 연습을 시작한다고? 의심하면서 단원들의 움직임을 보니 다들 바쁘게 준비한다. 7시 정각, 지휘자는 문을 닫는다. 전부 서서 한 시간 동안 롱톤 연습! 나는 더 이상 할 말이 없었다. 모두 자연스럽게 하는 것을 보니 늘 이렇게 연습한 것이다. 옆의 단원들 하는 것을 보니 롱톤을 할 때 악기 전체가 울림이 느껴지도록 길게 호흡을 뿜어낸다. 이들은 이렇게 연습하는구나.

캠프 마지막 날에는 내가 연습한 곡을 향상음악회에서 선보인다. 전에 다녔던 곳에서의 합주 연습은 그냥 즐기는 친목이었던 것이다. 잘 되어간다고 생각한 합주도 흘러가는 대로 연습한 거였는데, '정말 이곳은 각자의 소리를 잘 만들어 제대로 연주하는구나' 생각하니 처음부터 다시 시작하는 느낌도 들고, 대충대충 하던 마음이 차츰 시간이 지나면서 정확하게 해야겠다는 다짐으로 바뀌었다. 아마 시간이 더 지나면 나 자신이 뭔가 다른 모습으로 변할 거라는 확신이 들었다.

낮은음과 높은음을 이어 소리 내는 텅잉 연습을 반복한다. 바람이 골고루 악기 끝까지 나가도록 바람을 불라고 한다. 누군가 잘못 소리를 내면 정확한 소리를 낼 때까지 반복한다. 그냥 넘어가지 않는다. 정기연주회를 앞두고는 캠프를 꼭 한다. 함께 연습하는 방법을 확실하게 배우게 되는 기분이 든다. 그러니 단원들 모두 캠프에 빠지질 않고 참여하여 연습한다.

코로나 시절엔 나눔 봉사 연주를 가지 못했다. 그 전에 장애시설이나 천사원, 요양원에 연주 초청을 받아 가던 기억이 난다. 그동안 함께 연주한 악보를 챙기고, 찾아가는 차편 등을 공지하면 단원들은 약속 시간에 현장에 도착하여 준비 후 리허설을 하고, 모인 장소에서 연주를 한다. 무표정이던 환자나 할머니 할아버지의 표정들이 점차 부드러워진다. 음악이 그런가 보다. 연주하는 중에도 나 자신이 감동을 느껴 가슴 뭉클해지고 눈시울도 뜨거워진다. 연주가 시작되면서 분위기는 점차 좋아진다. 박수로 화답하고 소리 내며 "한 곡 더 한 곡 더" 환호를 하신다.

나눔의 봉사 연주는 나눔의 존재 이유 같다. 봉사 연주가 끝나면 다들 오늘의 연주로 인해 오히려 자신이 더 감사하고 뿌듯한 마음으로 충만해졌다고 말한다. 준비하는 동안 마음 한구석에 있던 숙제들이 해결되는 기분인가 보다. 나의 작은 투자로 인해 그분들이 기뻐하고 행복해하는 모습을 보며 나 또한 그런 기쁨을 얻게 된다고 생각한다. 일상으로 돌아가도 오늘 쉬지 않고 먼 곳까지 왔어도 내일 아침 출근이 두렵지 않은 게 그 이유 같다. 그게 나눔 단원들이 음악을 하는 이유이고 그에 대한 대가를 받는가 보다. 그래서 단원들이 취미를 넘어 인생 악기를 하는 이유인 듯하다.

나눔 클라리넷 앙상블만의 특별함

    퇴직을 앞두고 악기를 하나 배워야겠다고 생각한 적이 많았다. 인생은 60부터라고 하는데 은퇴 후 많아지는 시간을 어떻게 잘 보낼지 고민한 결과였다. 뒤늦게 시작한 클라리넷을 계속하고 싶어 들어간 동호회에서는 매주 연습도 하고 가을에 정기연주회도 했지만 얼마 후 그 동호회는 어느 연유인지 해산하게 되었다. 그 후에 만난 나눔에서 활동하기로 한 결정은 정말 잘한 일이다. 친목을 위주로 모여 연습하던 곳이 서로 편하고 부담은 없었지만, 강도 높게 연습하는 나눔 활동이 지속되는 이유가 무얼까? 왜 그럴까?

    악기를 시작한 후 찾아간 ○○ 클라리넷 앙상블은 레슨 선생님의 소개를 받아 간 곳이다. 직장인 20명 정도의 클라리넷 동호회였다. 매년 정기연주회도 하고 나름 열심히 하는 단체였다. 귀에 익숙한 곡을 연습하니 쉽게 적응할 수 있었다. 연습 후 단원들 모여 신입회원이 들어왔다고 관심과 회식도 하니 금방 가까워졌다. 매주 연습하고는 그때마다 이유가 생겨 다들 회식을 했다. 원래 사회 활동이 이런가 하고 적응을 했다. 덕분에 쉽게 단원들과 친해질 수 있었다. 그 후 좀 더 연주를 하고 싶은 단원들 8명 정도 모여 앙상블을 만들었다.

앙상블은 가요 악보와 팝송 악보, 세미클래식으로 분위기 좋은 곡들로 연습했는데 연습이 끝나면 서로 친숙해지고 시장도 하니 저녁을 했다. 그러다 보니 늘 집에 들어가는 시간이 늦고 술을 마시고 들어가게 된다. 집에서는 연습하러 갔느냐 놀러 갔느냐 야단한다.

그러다 어느 날 장기 출장을 다녀온 사이 단체가 해산되었다는 소식을 접했는데 한편으로 잘되었다는 생각이 들었다. 당시 집에서 뭐라 하고 나 스스로 그만두기가 그랬는데 어떤 사정이 생겼는지 ○○ 클라리넷 앙상블이 없어졌단다. 그때쯤 나도 시들해졌었는데 점점 연습보다는 회식에 시간이 더 들어가니 음악을 하는 그런 감동이 없었던 게 아닌가 싶다. 후에 대부분 동호회에 들어가서 활동하다 얼마 못 가 중단한다는 이야기를 들어보면 음악을 하면서 얻는 중요한 부분에 대한 갈증이 아닐까 생각한다.

한동안 악기를 쉬고 있는데 같은 교회 성가대에서 봉사를 하는 채은주 선생님이 어느 날 "요즘 악기 안 하세요?" 한다. 그래서 "네" 하니 "그럼 우리 나눔으로 오셔서 같이 하세요" 한다. 아내도 채은주 선생님이랑 임상종 선생님이 다니는 나눔에 가라고 계속 이야기하던 터라 드디어 서울 나눔 클라리넷 앙상블에 첫발을 디디게 되었다.

처음 나눔 연습실에 갔을 때 기억이다. 연습실에 들어서니 지휘자
는 앞에 그 주위로 빙 둘러 자리하고 처음 온 나는 소개를 하며 악
기는 얼마를 했고 나름 연주도 했다고 하고 자신 있게 자리에 앉는
다. 그리고 곧 연습이 시작된다.

처음에 롱톤을 하며 입 모양을 만들고는 반음 스케일을 전체적으
로 반복하더니 이제는 1파트에서부터 한 명씩 반음 스케일을 차례
로 시킨다. 나는 당황했다. 이런 모습은 처음이다. 전에 다닌 동호회
에서는 한 번도 본 적이 없는 광경이었다. 그런데 이곳 단원들은 익
숙한지 한 명씩 반음 스케일을 차례로 하기 시작한다. 그러다 소리
를 작게 하면 지휘자 샘은 그 부분을 크게 잘 되도록 다시 반복적
으로 시킨다.

연습실에 온 첫날이라 제일 끝에 앉아 있는 나는 점점 심장이 뛴
다. 옆을 보니 조용히 자신의 차례를 기다리며 소리 없이 손가락을
짚어가며 반음 스케일을 하는 모습이 보인다. 나는 반음 스케일이라
는 걸 생각도 못 했을뿐더러 연습해 본 적이 없어 어찌할 바를 모른
다. 그때 생각을 하면 심장이 멎는 것 같았다.

뭔가 들킨 느낌이다. 아마 나의 실력이 철저히 밝혀지는 순간이라
더 그렇게 느껴지는 것 같았다. 소개할 때 악기를 배워 동호회에서
어느 정도 악보를 보고 합주를 할 정도는 되었다고 얘기했는데 이곳

에 오니 나는 완전 어정쩡인 것이다. 그간의 연습 방법이 나와 다르니 더욱 그렇다. 오늘 내 실력이 들통 나는 시간이다.

그 후 10년이 지난 지금도 그렇게 나눔은 연습한다. 취미로 하는데 왜 이렇게까지 열심히 할까? 그런 생각도 들었지만 나눔 클라리넷 팀은 목적이 분명하다. 취미를 넘어 "우리의 음악을 원하는 곳이면 어디든지 가서 연주하겠다"는 창단 취지에 맞게 늘 연습을 강조한다. 좋은 앙상블이 되기 위해서는 계속 연습하는 수밖에 없다.

봉사 연주를 가서 청중들의 마음을 움직이고 감동시키려면 먼저 음악적 요소가 잘 결합되어 아름답게 앙상블이 되어야 한다는 것이다. 매주 파트 연습이며 전체 합주며 그리고 한 달에 한 번은 클라리넷 캠프를 한다. 이때는 각자 부족한 부분을 정말 집중적으로 맹연습한다. 집에 가서 따로 연습하기보다 이곳에서 안 되는 부분을 완전히 습득시키겠다는 마음으로 연습을 시킨다. 그리고 무엇보다 지휘자 샘은 단원들이 생각지 못한 것을 계속 준비하고 계획한다. 단원들에게 맡겨진 숙제를 채 하기도 전에 또 따른 숙제가 시작된다. 그러다 보니 독주 연습을 하며 그것을 넘어 아예 전공을 한 단원도 있다.

여기는 전에처럼 연습 후 회식도 없으니 집에서 좋아한다. 그 동호회에 아직 있었다면 어땠을까 하는 생각도 든다. 이제 취미를 넘어 한 생명을 위로하고 용기를 주고 감동을 느끼는 마음으로 임한다. 그리고 우리의 음악을 원하는 곳이면 어디든 갈 수 있다는 마음으로 연습한다. 물론 그중에도 서로의 지향점이 달라 그만두는 단원이 있지만, 지금은 거의 고정된 단원들이 매주 연습을 한다.

내 파트만 연습하면서 음악의 완성도를 못 느꼈는데 전체 합주를 연습하면서 퍼즐이 맞아 들어가는 기쁨과 희열이 내 몸 안에서 강하게 느낀다. 어떤 때는 연습 중에 내가 느끼는 전율이 실제 무대에서 객석으로 전달되어 듣는 이에게도 감동을 줄 것을 연상하며 눈시울이 뜨거워진 적도 많다.

오래전 꿈꾸어 왔던 나의 정년퇴임식은 내가 열심히 연습한 곡을 후배들 앞에서 그 어떤 화려한 말보다 더 멋진 연주를 보여주며 작별하는 것이었다. 드디어 그 꿈이 실현되는 날 부푼 가슴으로 은퇴식장에 가던 때의 모습이 생각난다. 개인적으로 내게 그것은 예술의전당에서의 연주보다 더 최상의 연주라고 생각된다. 나눔으로 가지 않았다면 이것이 가능했을까? 인생 악기를 하려는 누구에게나 가능한 일이다. 젊은 날 열심히 일하고 후에 나이 들어 머리 희끗희끗해져 가는 노년을 더욱 멋지게 보내는 것은 어떤 악기를 정하고 어떤 과정을 거치느냐에 따라 달라지리라 생각한다.

나눔 활동 기록에 열정을 다하다

　왜 나눔 활동을 외부에 알리려고 하는가? 이런 일에 왜 관심을 갖고 애쓰는가? 누가 시키지도 않은 나눔 활동의 내용들을 기록하고 정리하나? 손이 많이 가는 일이고 표시도 잘 나지 않은 일을 구태여 왜 할까? 누가 봐주는 것도 아닌데 하는 생각도 든다. 열심히 정리해 놓으면 뭐가 잘못되었느니 하는 일도 있다. 이럴 때는 속상하다. 눈과 귀의 역할인 직업적 영향이랄까 내가 본 것만이 남아 있고 전해진다.

　뭐든지 그 시간이 지나면 기억밖에 남는 게 없다. 나눔이 이런저런 활동을 해도 기록된 자료가 없으면 구전으로 전해지는 이야기뿐이라는 생각이 든다. 나만 드는 것일까? 내가 속한 곳이 어떤 생각을 갖고 어떤 일을 하고, 어떤 계획을 갖고 움직이고 있는지 중요하다. 그 귀한 시간 감동의 시간이 그냥 지나가는 것이 아쉽다. 좋은 일은 알려 많은 사람이 공감하고 동참하는 긍정적인 생각을 갖게 된다는 직업적 근성이 발동해서인가 보다.

나는 어릴 적 활동사진을 보고 내 꿈을 키웠다. 60년 초 6살쯤 되었을 때 친구 아버님이 랜드로버를 가지고 이 마을 저 마을을 다니며 영화를 보여준다는 것을 알고 친구에게 졸랐다. 우리도 그 영화를 보여 달라고 했다.

그러던 어느 여름날 동네 꼬마들 모두 모여 낮부터 해가 질 때까지 옹기종기 모여 기다리다 저녁이 되어서 모깃불도 피워놓았다. 우리가 너무 일찍부터 기다린 것이다. 해가 지니 드디어 영사기가 돌아가기 시작했다. 하얀 천에 영상을 비추는 방식이라 어두워야 영화를 볼 수 있었다. 그때 두 편을 봤는데, 한 편은 구름이 움직이고 꽃이 피는 자연 다큐멘터리였고 한 편은 예수님이 십자가에 못 박혀 돌아가시는 영화였다. 그것이 내 인생을 결정할 거라고 꿈엔들 생각했을까?

어린 마음에 나는 사진을 해야겠다는 생각이 들었나 보다. 그때부터 아버지를 졸라 초등학교 4학년 때 캐논 FT1.7을 드디어 선물로 받았다. 그날부터 연대 앞 연세사진관 신 사장님께 사진 찍는 방법을 가르쳐 달라 하여 배웠다. 초점은 이렇게 노출은 해가 있을 때는 셔터 속도를 1/125로 하고, 조리개는 f8 정도로, 흐릴 때는 이렇게… 5학년 봄 소풍에 그 멋진 카메라를 가지고 학교 친구들 사진을 찍었다. 그때 담임 선생님이 사진을 보시고 "참 잘 찍었네"라는 말이 큰 힘이 되었다. 세 분의 도움으로 그 후 카메라는 내 인생이 되었다. 중, 고등학교 시절에는 취미반에서 활동했고 대학에서는 사진을 전공했다. 군대에도 사진병으로 입대하여 화려한 군 생활을 했다.

우리 사단 예하 부대가 대학생 군사훈련을 하는 부대였다. 그곳에서 6·25를 앞두고 사단장께 그간 찍은 사진을 보여드리고 대학생 군사훈련에 맞추어 군사훈련 사진을 전시해보자는 의견을 드리니 그분께서 흔쾌히 승낙했다. 그 사단장은 예편을 앞두고 계셨는데 그후 쓰리 스타로 진급하여 육본으로 갔다.

그분은 육본에서 중요한 행사 사진 촬영의뢰로 차출되어 김재규 군사재판 사진을 찍게 되었다. 육본에도 사진병이 워낙 많았지만, 그분이 타 부대의 나를 지목하신 덕분에 그 군사재판 과정을 전부 촬영하여 석간신문에도 실리게 되었다. 그때 나는 모든 일을 어떻게 보고 어떻게 생각하느냐에 따라 느껴지는 것은 다르고, 그것을 어떻게 알리는가에 따라 정도가 달라진다는 것을 다시금 느끼게 되었다.

2012년 6월에 나눔에 입단하여 첫 연습 후 일주일 지나 충북 보은 교회 초청 연주회를 다녀왔다. 다들 처음 보는 나눔 식구들이라 모두 생소하다. 그런데 나는 리허설 후 이곳저곳을 다니며 남는 시간에 사진도 찍고 한다. 아마 그들이 보았을 때 좀 의아하게 생각했을 거다. 당시 나눔 카페는 존재는 하지만 활동이 거의 없는 상태였다. 그날부터 나는 사진들을 업로드하고 내용을 기록해왔다. 참가 인원도 적어 오늘에까지 카페 운영을 하고 있다. 매주 연습하는 인원과 연습곡을 기록하고 공유하는 것이다. 지나간 시간에 대한 기억과 소중함도 느낄 것 등을 생각하여 꾸준히 작성하여 카페와 밴드에 업로드했더니 규모가 풍성해졌고 지금은 베이스 임상종 선생님이 이어서 기록하고 있다.

암실 작업을 할 때 약물의 온도에 따라 필름 및 인화의 톤이 달라지기 때문에 늘 그때 상황과 온도 등을 기록한다. 약물의 온도 변화에 따라 현상 톤이 어떻게 달라지는지 알게 되고 특별한 모습의 결과도 나름 얻게 된다. KBS 촬영감독으로 일할 때도 온도 변화에 따라 자연 현상이 다름을 기록하고, 기획 의도에 맞는 영상을 촬영하려면 그 조건의 시간과 장소에 맞는 축적된 데이터를 인용해 결과를 얻기도 한다. 나만의 데이터를 잘 보유하면 축적된 기록에 의해 원하는 영상을 찍을 수 있었다.

1997년경 큰 프로젝트를 받게 되었다. 다름 아닌 HDTV 제작 보고서를 작성하여 발표하는 일이었다. 1988년 올림픽 게임 시에 일본의 고품질 TV를 경험하고 매료되었던 기억이 있었는데, 드디어 아날로그 방송에서 디지털 방송 시대로 가게 된 것이다. 주관 방송사인 KBS에서 HDTV에 대한 정확한 데이터를 가지고 국가적인 디지털 사업 전환에 가전사와 방송사, 소비자가 충당해야 할 비용을 산출해 보고서를 제출해야 했다. 제작단계에 아날로그와 디지털 방송의 차이점을 실제로 경험한 것을 토대로 디지털 시대로 갈지 결정하는 프로젝트였다.

3년여에 걸쳐 전국 방방곡곡을 다니며 자연 풍광, 드라마 현장, 쇼 프로그램 등을 촬영했다. 그리고 개선해야 할 문제점과 촬영하는 과정에 필요한 제작 기반에 대한 예산 범위를 산출하는 틀을 만들어 보고서를 제출했다. 그렇게 드디어 한국에 HDTV 방송을 시작하고 첫 HDTV 제작물로 박범신의 "히말라야, 거친 바람 부드럽게"를 제작 방송하게 되었다.

나눔 활동은 힘든 이들에게 희망을 주고, 용기를 주기 위한 활동을 한다. 그 활동의 최소한이라도 남겨놓아야 한다는 생각이 들어 영상으로 제작하여 카페에 업로드하고 언제라도 우리의 모습을 확인할 수 있도록 정리한다. 자신의 연주한 모습을 다시 보며 실수 부분을 고쳐 나가거나 박자도 정확하게 짚어 나갈 수 있는 발전의 계기가 될 것이다.

우리의 음악이 필요하면 어디든 가겠다는 취지로 이루어진 나눔의 연주는 가면 갈수록 더욱 실력이 향상되고 연주 실력이 나름 외부에도 알려져서 예술의전당 IBK 홀에서는 두 번이나, 롯데콘서트홀에서도 제11회 정기연주회를 했다. 제12회 연주회는 인터넷으로 송출됐고 제13회 예술의전당 IBK홀 연주는 CGN TV로, 2017년 네팔 '천상의 음악회'는 "인간극장"에서 5부작으로 방송하게 되었다. 그 감동의 현장을 겪어본 사람만이 그 느낌을 알 것 같다. 그리고 역경 속에 이루어진 연주회와 우리의 모습이 방송으로 알려진 후 나눔은 더 알차지고 향상되었다. 그래서 나는 백방으로 알리고 싶어진다. 방송국에 기획 의도를 설명하고 그것을 프로그램으로 승화시키는 작업을 하고 싶다.

한국 촬영감독 연합회는 지상파, 케이블, 종편 방송사 촬영감독들이 속해 있는 단체이다. 이 연합회에서 2019년 12월 영광스럽게도 '대촬영감독상'을 수상하기도 했다. 은퇴 전이나 은퇴 후에도 계속되고 있는 나의 영상기록에 대한 열정을 축하하고 격려해 주는 자리였다.

베를린 아리랑을 준비하면서

  '베를린 아리랑'을 준비하며, 내가 정년퇴직을 10년 앞두고 클라리넷을 접하지 않았다면 지금 무슨 일로 기쁨과 즐거움을 누리고 있을까? 정말 우리가 베를린 돔 음악당에서 연주하게 될까? 하는 생각이 번쩍 든다. 그들이 저 먼 독일에서 한 많은 타국생활에서 노동과 슬픔, 고통을 삼키며 눈물로 지낸 삶이 우리의 아리랑이 아닐까? 그분들의 숭고한 헌신을 잊지 않고 찾아가 위로하는 것이 또 다른 나눔으로 우리의 모습이 체인지업 된다.

  지난 1년여 베를린 아리랑을 준비하며 KBS, AXA생명보험 방송 협찬 계약을 성사를 위해서 나눔 클라리넷 앙상블 취지, 기획 의도와 독일에서의 행사 등을 설명하고 이해시키느라 남모르게 힘들고 속이 탔는지 요즘 위병이 나서 고생이 심하다. 2022년 4월 8일 방송제작 ㈜촬영집 업무를 모두 후배에게 인계하고 나의 모든 시간을 베를린 아리랑 기획에 헌신하겠다고 마음을 먹었다.

나눔 클라리넷 앙상블에는 채은주 선생님이 인도한 단원들이 꽤 많다. 우리끼리 농담으로 채사단이라고 부르곤 한다. 나도 그녀의 도움으로 2012년 6월 18일 나눔에 단원으로 들어가 11년 시간이 지났다.

2021년 11월 중순쯤인 듯하다. 나눔 단원의 양평 집에 연주하러 갔을 때 무척 피곤해하는 채은주 선생님 모습을 옆에서 보았다. 연말이라 회사 일들이 많이 몰려 급기야 휴가를 내고 만성 피로의 원인을 찾으러 검사받으면서 매주 함께하던 대신 앙상블도 중단하고 종합병원에 입원하여 정밀검사를 해도 별 차도가 없었다. 해를 넘기면서 다른 종합병원에 가서 재차 정밀검사를 하고 나서 2022년 4월 초 혈액암이란 청천벽력 같은 소리에 모두가 놀라 충격을 받았다. 그 소식을 들은 주변의 지인들 모두 염려와 기도로 시간을 보냈다.

시간이 지날수록 베를린 아리랑을 기대하는 마음이 차분해진다. 그동안 준비한 '베를린 아리랑' 음악회가 그분들을 위한 감동의 무대가 되도록 최선을 다하자, 그것을 위해 모든 역량을 다해야겠다는 마음을 갖게 되었고 그 뜻깊은 자리에 암을 이겨내고 건강을 회복한 채은주 선생님을 꼭 모시고 가겠다는 강한 마음뿐이다.

대한민국의 지금 모습이 되기까지 혼신의 힘을 다해 수고하시고 고귀한 헌신으로 경제 발전의 기틀을 세우느라 희생한 분들을 진심으로 위로하는 음악회를 성공적으로 이끌어 가겠다는 마음이 가득

찰다. 조그만 민간 음악 동호회가 베를린에 가서 수고하신 그분들의 고귀한 헌신을 기억하고 위로의 음악회를 기획할 수 있겠으나, 너무 엄청나고 큰일이라 자칫 중심을 잃거나 동력을 잃으면 실패 또는 허사가 될 수도 있다는 생각이다. 그렇게 되면 그 뒷수습은 어떻게 할 것인가. 보통 문제가 아니다. 갑자기 머리가 쭈뼛 솟는다.

김문길 지휘자의 독일 유학 시절 도움을 주신 광부, 간호사분들과 꾸준히 연결되어 온 그 인연으로 오랜 시간이 지난 지금 그분들에게 받은 은혜를 돌려드리려는 숭고한 정신을 적극적으로 지지하며 혼신의 힘을 다하려고 생각한다. 그분들도 독일에서 숱한 유학생들이 오고 가는 것을 경험했을 테지만, 이렇게 오랜 시간 동안 연결되고, 다시 찾아온 김문길 지휘자를 특별하게 기억할 수 있으리라.

지난 2012년 가을, 나눔에 들어와 첫 평창교회 봉사 연주 갔던 기억이 난다. 비 오는 밤 단원들은 옆에 모두 잠이 들었고, 지휘자와 이런저런 이야기하는 내내 천정의 양철지붕에 빗방울 떨어지는 소리를 들어가며 새벽녘까지 얘기한 기억이 난다. 그때 서로 대화가 통했기에 그렇게 오랫동안 이야기했던 것이고, 바라보는 지향점과 긍정적인 생각이 맞는 것 같다. '베를린 아리랑'이라는 제목이 그 모든 것을 말해준다.

당시 선진국의 원조도 순탄치 않은 세계 최빈국 한국은 1963년 겨

체인지 UP

울 광부와 간호사를 독일로 보냈다. 지하 뜨거운 갱도에서 또는 병원에서 남들이 안 하는 일을 하면서 눈물로 보낸 젊은 청춘의 그 수고와 땀이 밑거름되어 지금 우리가 잘살고 있는 것이 아닌가 한다. 더 늦기 전에 그 수고와 헌신을 기억하고 위로해 드리고, 그 헌신을 잊지 않고 후대에 전해야 하는 게 우리의 책임이라는 생각이 든다.

그런데 생각처럼 쉽지 않다. 그래도 이런 마음 읽어주고 들어주는 마음들이 있으니 행복하다. '어떻게 이분들의 수고와 헌신에 감사하고 위로를 해드릴 수 있을까' 하고 김문길 지휘자와 머리를 맞대니 작은 생각들이 하나둘 큰 그림으로 구체화되기 시작했다. 그 당시 평창교회에서 어르신들에게 만들어 드렸던 리멤버 픽처(장수 사진)와 찾아가는 음악회 등이 '베를린 아리랑'을 현실화하는 토대가 되었다. 네팔 '천상의 음악회'에서 선발대 역할의 중요성을 뼈저리게 체험한 나는 벌써 머릿속으로 '베를린 아리랑' 선발대 명단을 정리하고 있었다.

준비된 자에게 기회는 우연처럼 불쑥 나타난다. KBS 후배 역사 프로듀서와 현역 시절 프로그램 제작하면서 알게 된 역사학자 손 교수님과 우연히 자리를 같이하게 되었다. 손 교수님이 "박 감독은 요새 어찌 지내나?" 하자, 나는 기다렸다는 듯이 그동안 김문길 지휘자와 파독 광부와 간호사를 위한 감사와 위로 음악회를 위해 나눈 얘기와 코로나 시대에도 단원들이 열심히 연습한 일들을 술술 풀어놓았다. 그러자 교수님이 60년 전 우리의 젊은이들이 독일로 떠날 수밖에 없었던 역사적인 배경을 상세히 설명해 주셨다. 그분들의 수고와 헌신이 없었다면 지금의 대한민국 경제 발전은 생각하기 어려웠을 것이라고 단언하며, 이런 일들은 다큐멘터리로 제작되어 역사의 기록물로 보존되고 젊은 세대들에게 알려주어야 할 책임이 우리에게 있지 않겠느냐 하셨다.

KBS 김 CP가 잠시 이런저런 생각을 하더니, 2023년은 파독 근로자 60주년, 한국방송공사 창립 50주년이 되는 해이기도 하니, 2022년 7월 KBS 기획안 공모전에 '베를린 아리랑' 기획서를 제안하는 방법을 생각해 보자고 했다.

김문길 지휘자는 2022년 1월, 독일의 관계자들과 만나 취지를 이야기하고 음악회 일정, 음악당 대관 신청 등 여러 협의를 하고 그곳 실정을 확인하는 작업과 나이 드신 분들의 건강도 체크하고 돌아와서 본격적으로 진행해 왔던 사항들을 준비 및 정리하며, 단원들과 함께 연습 일정을 논의했다. 코로나 기간이라 연습실 구석구석을 소독하고, 거리두기 등 방역지침을 준수하며 전체 연습 대신 파트별 연습을 하고, 매월 첫 주 일요일은 캠프를 열어 파트별로 곡을 깊이 있게 이해하고 연주할 수 있는 연습에 매진했다.

생각과 의욕이 넘쳐 처음엔 아무것도 없이 시작한 베를린 아리랑 음악회를 시행하는데 전체 예산을 어떻게 계획할지 예상을 가늠할 수 없었다. 시간이 지나며 차츰 정리하니 대략 5억 원 이상이 들 것 같다. 봉사하는 단체이고 단원들 마음이 함께하는 것이라 개인 비용은 늘 각자가 책임져왔다. 이번에도 단원 40명의 항공 티켓과 체재비 모두 각자가 책임진다.

베를린 아리랑 음악회에 필요한 독일 대관료와 방송 협찬, 프로그램 및 포스터 제작, 협연 악기 렌트, 협연자 경비, 선발대 체재비용, 선물비용, 리멤버 픽처 사진, 액자 제작, 항공 화물경비 등 비용이 만만치 않다. 단원들과 하룻밤을 보내면서 예산을 따져보고, 2억 원이라는 큰 비용의 방송협찬금을 어떻게 준비할까 고민이다. 현역 시절도 아니고 퇴직해서 아는 곳도 없는 상태에서 누가 그 돈을 선뜻 지원해줄 텐가? 방송 후원을 해 줄 곳도 생각 안 하고 방송부터 잡아놓으니 점점 고민에 빠져든다. 마음만 애태운다. 걱정이다.

그래도 보이지 않는 곳에서 보시는 손이 나를 이끄시리라 믿고 뛰어보자고 다짐한다. 기적을 바라는 것은 아니나 간절히 구하면 주신다는 믿음으로 준비한다. 후원을 해 줄 곳의 아는 분께 연락하고 방문하려는데 반응과 느낌이 좀 이상하다. 왜 그럴까? 혹시나 해서 문자를 보내니 전화가 걸려 온다. 그 기업에서 우리 나눔을 도와줄 수 있는 근거가 없다는 내용이었다. 코로나 시기에 독일 사업체로서 한국에서의 판매가 최고였다는 뉴스를 접했는데. 내 생각과 큰 차이가 있는 것 같다.

첫 방문지부터 반응이 안 좋다. 취지가 뭔지 기획 의도에 대하여 설명을 들어보지 않는 것이 나는 못내 아쉽다. 섭섭하지만 어쩌겠는가. 그분 입장도 생각하여 부담 주지 말고 바로 고맙다고 전하고 통화를 끝내고 하늘만 쳐다본다. 초조하고 막막하다. 새로이 시작해야 한다. 내 생각으로 충분히 도와줄 수 있는 기업인데 그쪽 사정은 그렇지 않은가 보다. 도움의 뜻은 다른 데 있나 보다.

2022년 9월 산마루골 음악회가 열리는 평창, 도로가 더 이상 없는 산속 위치한 산마루골에 도착 후 잠시 연습하고 연주회 시작을 기다리는데 옆에 있던 정귀용 파트장님이 "박 감독님, 방송 협찬 어떻게 되고 있어요?"라고 묻는다. 나는 아무 생각 없이 "괜찮아요. 큰돈이 필요해서 앞으로 준비를 좀 해야 해요." 그러니까 그분이 얼마쯤 필요하냐고 내게 재차 물어본다.

"2억입니다."

"아, 그래요. 그거 제가 한번 알아볼까요?"

아, 이것이 무슨 말인가. 간절함이 상달되었나? 갑자기 흥분되고 연주하는 내내 나는 감사할 뿐이다. 돌아오는 길 정 파트장에게 우리의 기획 의도와 앞으로 해야 할 행사 내용을 설명하는데 말이 어떻게 그렇게 술술 나오는지 모르겠다.

그 후 9월부터 그 건이 성사되도록 준비하고 설명한 대로 실행에 움직인다. 실무진도 만나 나눔의 기획과 방송이 만들어지는 과정

체인지 UP

등 경험을 살려 열심히 설명하고 했는데. 시간은 자꾸 흘러 아무리 기다려도 후원하겠다는 답신이 없다. 점점 시간이 촉박하다. 다시 다른 데서 후원자를 찾아 움직일 시간이 부족해진다.

점점 마음이 초조해지고 마음 답답하다. 불안하다. 이 건이 성사 안 되면 어떻게 하지? 앞이 캄캄해진다. KBS에서도 내게 소식이 없냐고 물어온다. 낭패다. 어찌할지 도통 모르겠다. 인내심도 한계에 다다르니 용기가 생긴다. 바로 후원 담당자에게 전화해서 협찬 건이 어떻게 되어가는지 밝혀주시라고 요청하니 회사 대표가 휴가 중이라고 한다. 그곳이 안 되면 다른 후원사를 찾아야 하는데 시간이 촉박하다고 재차 사정을 말하니 잠시 기다리라고 하고 통화가 끝났다. 곧이어 전화가 울리더니 담당자가 지금 AXA 대표가 남해 독일마을에 가서 그분들의 역사적 상황을 이해하는 중이라면서 휴가 후 돌아오시면 바로 결재할 테니 지금 협찬을 진행하라는 이야기를 한다.

그리하여 드디어 AXA 생명보험과 12월 중 KBS와 방송 협찬 계약이 진행되었다. 해를 넘겨 2023년 1월에는 1차 독일취재도 지휘자님과 다녀왔다. 이 어려운 중에 방송 협찬이 성사되니 한시름 놓았다.

이제 선발대 일정을 계획한다. 시간 싸움이다. 생각한 계획대로만 잘 진행되어야 한다. 애초 출발은 4월 3일 하려고 했지만 예산 때문에 4월 6일로 늦췄다. 독일에는 6일 저녁에 도착해 짐 정리하고 정신 없이 자고, 다음 날 4월 7일 금요일 아침 6시에 일어나 리멤버 픽처 촬영을 위해 렌트한 센터로 출발해 스튜디오 설치하고 현수막도 걸어 그 주인공들 맞이할 준비를 해야 한다. 리멤버 픽처 1차 촬영, 4월 8일 토요일 아침도 일찍부터 준비해서 2차 촬영을 하고, 촬영된 파일을 선별하는 작업이 엄청나리라. 그리고 최종 선별된 파일을 서울로 9일 일요일에 송출하여 10일 월요일 이른 아침부터 프린트 작업해야 한다. 약간의 보정 작업도 못 한다. 프린트해서 액자에 고정하는 작업시간은 이틀뿐이다. 4월 12일 수요일 새벽에는 작업장에서 출발하여 7시에 인천공항 본대 담당자 박준섭 선생님에게 전달되어야 한다. 포장하는 것도 잘해야 한다. 액자라 파손될 소지가 있다.

프로그램에 들어가는 단원들의 프로필 사진도 촬영해야 했다. 선발대로 가는 단원들의 임무를 배정하고 그 임무대로 연습도 할 겸 실제로 프로필 찍는 작업을 선발대와 같이 해보기로 했다. 독일 현지에 가서는 서로 의논할 시간도 없을 것이다. 이런 생각을 하면서 리허설이라 생각하고 단원 프로필 촬영을 실행했다. 그런데 현장에서 촬영된 파일이 노트북 외장 하드로 옮기는 작업 중 없어져 버렸다. 아차 큰일이다. 독일 현장에서 이런 일이 벌어지면 정말 큰일이다. 문제점이 무엇인지 확인 후 제2차 리허설은 시간을 다시 내서 촬영하기로 했다.

현직에서의 경험 중 단체팀들을 촬영할 때 제일 눈에 띄는 것이 의상이다. 알록달록한 의상을 입고 제각각 움직일 때는 그림이 그리 좋지 않았다. 그래서 선발대, 본팀이 움직이는 모습들이 제각각이면 정말 어떤 그림일지 보인다. 그래서 유니폼을 제작해야 팀이 하나같은 마음과 단결된 모습이 되겠다고 생각하고 마음속에 어떤 모습이 좋을지 그려본다. 특히 악기 가방 같은 경우 노랑, 빨강 등등 색이 여러 가지이다. 그럼 더욱 통일된 모습이 그려지지 않는다. 해서 서울 나눔 클라리넷 앙상블 로고도 새로이 제작하기로 했고, 멋진 로고가 나오면 단원들 유니폼과 악기 가방에도 달기로 계획했다. 그러면 더욱 한 팀으로서 일관된 모습이 보여질 것이란 생각에 단원 중 디자이너인 이가은 선생님에게 생각을 알려주고 샘플을 만들어 보자고 부탁을 드린다.

스튜디오 설치하는 배경천도 구입해야 하고, 인물 조명은 독일에서 렌트하기로 했다. 현지 차량과 기사, 식당 물가도 알아봐야 하는 일이다. 스튜디오에서 기다리는 그분들 간식이나 음료도 준비해야 하는데 센베이 과자나 한과를 선호하신다고 하신다. 그분들에게 드릴 선물도 준비해야 할 것이다. 선발대 체제 기간 예산도 지휘자와 상의해 세웠으나 물가가 많이 오른 것을 예상치 못해 좀 부족할 거 같다. 프로그램 안내 원고와 포스터도 제작해야 한다. 단원들의 수고로 되는 것은 다들 적극적으로 도와주어서 큰 무리는 없으나 예산 문제는 정말 쉽지 않다. 우리에게 후원해주는 곳을 아는 분이 필

요하고 그분들의 도움은 결국 신세를 지는 것인데 아쉬운 이야기가
참 어렵다.

처음 시작할 때는 마음만 있으면 된다고 생각했지만, 현실로 진행
이 되면서 점점 더 많은 예산을 감당해야 했다. 그런데 예상 밖의 도
움과 후원들이 우리 기도에 대한 확답으로 돌아오면서 이제 어느 정
도 마음이 놓여간다. 예산 확보에 초조하고 마음 졸이며 밤새 근심
으로 시간을 보냈던 기억을 하면 채워 주시는 것에 참 감사하다.

이젠 뭐 빠진 것은 없나 하는 불안한 생각도 든다. 아마도 큰 고
비를 넘길 때마다 걱정이 많아서일까? 살피고 또 살펴 가며 준비해
야 할 것이다. 떠나기 전 최종 리허설을 하기까지 체크할 리스트를
작성해 봐야겠다. 이제 음악회의 감동은 한국에서 먼저 3월 19일 대
신교회에서의 연주로 시작한다. 독일에서 벅찬 감정을 흠뻑 느껴볼
수 있는 음악회가 되었으면 한다. 그날이 그동안 모든 준비의 완결
판이자 실황 리허설이 될 것이다. 이제 독일로 떠날 날을 기다리며
오늘도 연습, 또 연습이다.

"기억하겠습니다"… '리멤버 픽처'

    드디어 2023년 4월 6일 새벽, 배낭에 카메라와 동영상 캠코더를 넣고 악기 가방은 든 채 차에 짐들을 싣고 인천공항으로 간다. 새벽공기가 차지만 시원하다.

    공항에 도착하니 선발대 멤버들이 한둘씩 모인다. 선발대 11명의 업무분장은 이렇다. 음악 감독 김문길 지휘자는 3일 전에 준비하러 먼저 갔고, 리멤버 픽처 담당과 방송 촬영, 영상 담당은 박길홍 감독이, 베를린 아리랑 전 일정을 계획하고 진행하는 김판서 샘, 살림살이 맡은 최아영 샘, 찾아가는 싱어롱 담당 정진호 악장님과 안내 총괄 정경라 사모님, 스냅사진 및 기록 담당 임상종 샘과 채은주 샘, 데이터 매니저 고유정 샘, 악보계 심경단 샘이 있으며, 메이크업 담당 정귀용 샘은 미국 출장을 들러 베를린으로 합류할 계획이다.

    현지시각 6일 저녁 늦게 도착하고 리멤버 촬영 현장에 다녀오니 새벽 1시이다. 이제 몇 시간 후 4월 7일 아침 독일 베를린 근교 슈판다우 마을 자치센터, 선발대는 스튜디오 설치 등 손님맞이 준비를 서두른다.

이른 아침부터 교민들의 발길이 이어졌다. 서울 나눔 클라리넷 앙상블 '베를린 아리랑' 공연에 앞서 진행하는 '리멤버 픽처' 기억 사진을 찍기 위해서다. 촬영감독인 나를 비롯한 선발대 11명은 베를린에 도착하자마자 눈코 뜰 새 없이 바빴다. 나의 현장 지휘로 촬영장 세팅부터 안내, 분장, 촬영까지 각자의 역할을 나눠 일사불란하게 움직였다. 임시 스튜디오에는 이틀 동안 120여 명의 파독 1세대 어르신들이 오셨다. 가족들을 포함하면 총 200명 가까운 분들이 사진 촬영에 참여했다. 부부가 오신 분도 있고 가족과 함께 찍는 분들, 반려견을 데리고 온 분까지 성황을 이루었다. '리멤버 픽처'는 파독 근로자 그들의 삶을 기억하고 또 기념하기 위해 마련한 자리다.

오랜만에 화장하고 카메라 앞에 앉은 어르신들의 표정이 의외로 무덤덤했다. 웃어 보세요, 라는 말을 건네도 표정은 그대로다. 표정의 변화가 없다. 어떻게 하면 50~60년의 세월을 한 장의 사진으로 담아낼 수 있을까. 파독 근로자로 독일에서 길고 고단했던 시간을 지나 이제는 흰머리 성성한 노인이 된 어르신들의 모습이 아름답고 빛나게 사진 속에 담기길 바라고 바랐다.

몇 년도에 독일에 오셨어요? 첫사랑을 생각하면 어떠세요? 누가 먼저 고백하셨어요? 계속 질문을 건네면서 자연스러운 표정을 놓치지 않으려 연신 셔터를 눌렀다. 노년의 파독 근로자는 스무 살 아가

씨가 되기도 하고 힘들었던 탄광 속에서도 희망을 잃지 않았던 혈기 왕성한 청춘이 되기도 했다. 이런 사진 처음 찍는다고 하시는 분도 계시고, 촬영 중에 계속 눈물을 흘리는 분들도 있다. 파인더를 통해 그분들을 보니 나도 모르게 눈물이 흐른다. 이번 사진이 마지막일 거라고 하시는 어르신의 모습에서 '내일을 준비하는 표정은 마음을 짠하게 만들기도 하였다.

성공적으로 사진 촬영은 마쳤지만, 또 다른 난제가 기다리고 있다. 한 사람에 수백 컷까지 너무 많이 촬영한 탓에 액자로 제작할 사진을 선별하는 작업도 쉽지 않았다.

고유정 데이터 매니저와 심경단 악보계와 여럿이 밤샘 작업으로 골라낸 사진 파일을 서울로 보내 프린트하고 액자로 만드는 작업을 진행했다. 며칠 후 베를린에서 공연을 위해 서울 나눔 클라리넷 앙상블 본대가 올 때 가져올 수 있도록 서둘렀다.

007 같은 작전 덕분에 보낸 사진 파일은 인화된 후 액자에 담겨 서울에서 베를린에 공수됐다. 본대 도착 시 제일 먼저 궁금한 것이 사진이다. 포장을 풀어보니 마음에 든다. 고생한 보람이 있다. 액자에 든 사진들이 모두 정겹다. '리멤버 픽처'는 4월 15일 음악회가 끝난 후 나눠드렸다. 사진을 확인한 어르신들이 모두 만족하셨다. 리멤버 픽처 책임자로서 최선을 다한 나의 마음이 그분들의 기쁨이 되었다니 정말 뿌듯했다. 700여 명의 파독 근로자와 그 가족 그리고

재독 동포들의 아리랑 합창으로 가득 찬 베를린 공연은 60년 전 파독 근로자를 기억하는 리멤버 픽처가 함께해 더욱 뜻깊었다.

60년 전 낯선 이국땅에서 헌신한 어르신들의 삶이, 단 한 번의 음악회와 기억 사진으로 보상받을 순 없을 것이다. 눈물을 훔치는 파독 근로자 어르신들을 보며, 우리의 음악과 기억이 그분들에게 위로가 되고 감사와 축복이 되기를 바라고 또 바랐다. 대한민국이 경제 규모 세계 13위, 무역 규모 세계 8위의 경제 강국으로 성장할 수 있었던 것은 그들이 흘린 땀과 눈물 덕분이라고, 그 수고와 헌신을 절대로 잊지 않아야겠다고 마음을 더 깊이 갖게 됐다.

체인지 UP

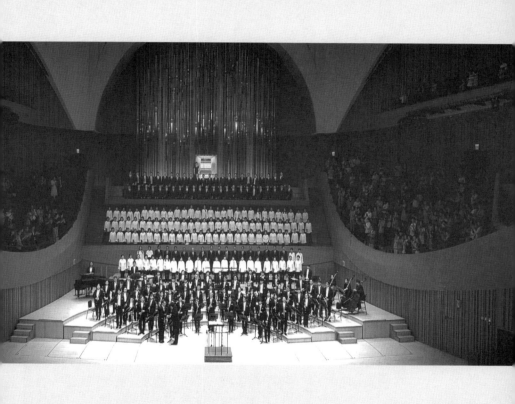

PART

3

Dream comes true

·

채은주

체인지 UP

나도 악기 하나 배워보고 싶다

2005년 여름 어느 날 오랫동안 함께 일해오고 있던 후배 H와 점심을 먹고 있었다. 우리는 둘 다 일하는 엄마였고 나름대로 책임감에 스스로를 좀 닦달한다는 공통점을 갖고 있었다. 업무는 여전히 정신없이 바쁘고 일터에서나 집에서나 사건 사고는 항상 생기고 하는 날들을 하루하루 쳐내듯이 지내고 있었던 것 같다. 그날 우리는 함께 밥을 먹으면서 문득 우리가 이렇게 살면 안 되지 않을까? 무언가 우리가 하고 싶었던 것 우리 가슴을 뛰게 하는 무엇인가를 해 봐야 하지 않을까 하는 대화를 나누고 있었다.

1922년생이신 나의 어머니는 조용하시면서도 인정 많으신 분이셨는데, 또한 그 시절 지방 도시에서 처음으로 사교댄스를 배우실 만큼 개방적이고 멋쟁이셨다고 한다. 이렇게 인용하듯이 말하는 이유는 많은 사람에게 사랑받고 존경받으시던 어머니께서 내가 국민학교(요즘의 초등학교) 4학년 때 돌아가셔서 내가 떠올리는 어머니는 단편적인 나의 어릴 적 기억에 의존할 수밖에 없기 때문이다. 내 기억 속 어머니는 정말 엄하셔서 고집 센 셋째 딸이던 나의 기억에는 어머니께 혼나던 장면이 꽤 많다.

그중 한 장면이 악기와 관련된 것이었다. 어릴 적에 피아노 레슨을 시켜주셨었는데 피아노 선생님이 마음에 들지 않았던 나는 레슨을 빼먹고 놀다가 집에 돌아가곤 했다. 이를 알게 된 어머니께서는 바로 레슨을 끝내 버리셨고 그 후로 나에게는 다시 악기를 배울 기회가 오지 않았다.

고전무용, 현대무용, 기계체조 등의 과외 활동을 하기도 했지만, 악기와의 인연은 어찌 된 일인지 생기지 않았다. 아마도 어머니가 보시기에 나에게 악기에 대한 관심이나 재능이 없다고 생각하셨던 모양이다. 하지만 모태신앙으로 교회 생활과 성가대 활동을 해왔기에 자연스럽게 주변에 음악을 하는 사람들을 많이 볼 수 있었다. 그분들을 보면서 언젠간 나도 악기 하나를 해보고 싶다는 생각을 마음속 주머니에 넣어 뒀다가 뜨문뜨문 꺼내 들여다보고 다시 넣곤 하면서 지내다 보니 어느새 40대 중반을 향하고 있었다.

두 아이를 가진 워킹맘으로서의 삶은 만만치 않았다. 다른 모든 일하는 엄마들이 그러하듯이 하루하루가 전쟁과 같고 집안일, 아이들 돌보는 일 그리고 직장일 어느 것 하나 제대로 하는 것 같지 않다는 생각에 몸도 마음도 지쳐갔다. 나는 누구누구의 엄마, 아내,

며느리 그리고 회사에서의 아무개라는 모자를 바꾸어 쓰면서 부지런히 바쁘게 나의 흑백색 인생 쳇바퀴를 돌리고 있었다.

요즘은 좀 나아졌다고 볼 수 있겠지만, 여직원이라는 직급이 있었던 시대, 결혼하면 당연히 퇴사하는 것으로 생각되는 그 세대에서 여성들이 일터에서 동등하게나마 인정받기 위해서는 동료 남성들보다 1.5배, 2배 열심히 해야 했었다. 그렇게 치열하게 살아가다 보니 자주 나는 누구? 여기는 어디? 하고 혼란스러워하는 나를 발견했다. 무언가 탈출구가 필요했고 내 마음속 주머니에 넣어 놓았던 그 생각도 점점 표면으로 올라오고 있었다. 흑백색 쳇바퀴와 같은 나의 인생에 유채 색깔을 더해 줄 수 있는 그 무엇, 여전히 바쁘지만 나의 날들을 좀 더 풍성하게 아름답게 만들어 줄 수 있는 그 무언가가 필요했다. 꽤 절실하게.

그렇게 지내던 2005년 어느 여름날 함께 일하던 후배와 함께 점심을 먹으면서 '나는 누구? 여기는 어디?'에 대한 고민을 나누다가 둘이 뜻을 모으게 되었다. 지금까지 쓰고 있던 모자 이외에 각자 나만을 위한 무엇인가를 배워보기로!

오랫동안 내 마음속에 잠자고 있었던 '악기 하나 배워보고 싶다'를 꺼내어 일단 실천해 보기로 했다. 그리고 오늘 당장 시작 안 하면 또 한 달이 될지 1년이 될지 몰라 우리는 바로 행동에 옮기기로 합의를 보고 마침 회사에서 100m 떨어진 곳에 있던 음악학원으로 가서 상담을 청했다.

 ## 클라리넷과의 인연 시작

원래 내가 관심이 있었던 악기는 알토 색소폰이었다. 그 악기에 대하여 상담을 드렸더니, 상담사는 같은 관악기인 데다 키가 같은 클라리넷을 먼저 배우면 색소폰을 바로 불 수 있다며 클라리넷 배우기를 권하셨다. 클라리넷의 리드가 색소폰의 리드보다 섬세하기 때문에 색소폰을 먼저 배우면 클라리넷을 불기가 어렵다는 말씀도 해주셨다. 모차르트 클라리넷 협주곡의 아름다움을 좋아하기도 했고 클라리넷의 음색도 좋아했었기에 그분의 말씀이 내게는 꽤 설득력 있게 다가와 클라리넷을 배우는 클래스에 바로 등록했다.

일주일에 두 번 점심시간에 가서 40분 배우고 점심은 김밥이나 샌드위치, 햄버거 등으로 해결하며 행복한 시간을 만들기 시작했다. 처음 기본 스케일을 배우고 '떴다 떴다 비행기'를 불 수 있었을 때의 그 신기함, 선생님과 이중주를 처음 했을 때의 느꼈던 전율을 지금도 생생히 기억한다. 바쁜 한 주를 보내고 토요일 오전 시간에 악기를 연습하며 조금씩 진도를 나갈 때의 그 성취감은 또 다른 기쁨을 나에게 선물로 주었다.

레슨 선생님과 하는 이중주의 흥분과 감격이 조금씩 진정되어 갈 때쯤에 선생님을 통해 클라리넷 앙상블 모임이 있다는 것을 알게 되었다. 선생님은 마침 세 달 후에 연주회가 있으니 같이 하면 좋겠다고 말씀하셨다. 선생님의 그 말씀은 나에게 큰 충격으로 다가왔다. 내가 연주회에 설 수 있는 수준이 된다는 말인가? 어떻게 그게 가능하지? 나중에 알게 되었지만 클라리넷 앙상블은 음역별로 파트가 나뉘어 있어서 저음 파트에서 시작하면 아예 불가능한 일이 아니었다.

🎧 앙상블과의 만남과 첫 연주회가 나에게 준 도전

연락처를 받고 처음 용감하게 양재동에 있는 앙상블 연습 장소로 찾아갔을 때는 2006년 가을이 시작될 무렵이었다. 후에 그 앙상블에 계셨던 분들이 이야기하기를, 긴 트렌치코트를 입은 키 큰 여자가 악기 가방을 메고 혼자 불쑥 나타난 것을 보고 몇 분이서 내기를 하셨다고 한다. 3개월 만에, 혹은 길어야 6개월 정도 나오면 그만둘 거라고……

첫 번째 앙상블 연주는 내게 성인이 되어서 처음 해본 무대의 경험과 함께 큰 도전을 주었다. 그해 겨울 나는 앙상블 지휘자 선생님이 하는 클라리넷 캠프에 참가하기로 했다. 전공생들의 입시 준비를 위한 캠프여서 일반인은 나 혼자였다. Baermann 스케일 악보를 받아 바를 정(正)자를 그리며 처음부터 기초를 다시 잡는 공부를 시작했다. 잘 알려진 곡을 취미로 몇 개 배우는 것을 넘어서 클라리넷이라는 악기로 연주를 하려면 기초를 든든히 해야 함을 깨달았다. 그때부터 악기 하나 배워보고 싶다는 나의 바람이 본격적으로 그 행보를 시작하게 되었다고 볼 수 있겠다.

혼자보다 함께 할 때
아름다운 앙상블

주변의 사람들이 취미로 악기를 배우고 싶다고 할 때 나는 적극적으로 클라리넷을 권한다. 사실 나의 권유로 클라리넷을 시작하신 분도 꽤 된다. 내가 클라리넷에 대하여, 내가 속해 활동하는 나눔 클라리넷 앙상블에 대한 이야기를 할 때 내 눈에서 반짝이는 무엇이 보인다고 말하는 사람들이 있다. 클라리넷이라는 악기를 배우면서 내가 받게 된 기쁨과 행복이 너무 크기 때문에 잘 감추어지지 않는가 보다. 또 클라리넷이라는 악기는 거의 네 옥타브의 음역을 커버할 수 있어 함께 하는 앙상블에 적합한 악기이다. 취미로 악기를 배우는 일은 누구나 할 수 있지만 오랜 시간 동안 악기를 즐기려면 혼자서는 힘들다. 함께 해야 오래 할 수 있고 함께 해야 즐겁고 행복하게 할 수 있다. 함께 할 수 있는 악기를 하는 것이 그래서 좋다.

취미로 악기를 배우기 시작하면 처음엔 혼자서 내가 좋아하는 곡을 연주할 수 있다는 것만으로도 그냥 좋다. 그러다가 선생님과 이중주를 하면 두 개의 악기가 내는 화음이 울림으로 다가오고 같이 호흡을 맞추어 내는 소리에 감동하고 흥분하게 된다. 앞에서도 이야기했지만 내가 선생님과 이중주 레슨을 계속 받다 보니 시간이 지나면서 그 흥분이 좀 가라앉았다. 무언가 좀 더 다양한 연주를 할 수 있으면 좋겠다는 고민에 빠졌을 때 그 선생님을 통해서 클라리넷 앙상블을 소개받고 앙상블 활동을 시작하게 되었다. 지금 돌이켜 보면 그때 앙상블 활동을 시작한 것이 지금까지 나의 17년 클라리넷 여정(와~ 지나고 보니 엄청난 시간이다!)을 가능하게 해 준 계기가 되었던 것 같다.

앙상블이란 프랑스어로서 예술 분야 전반에 걸쳐서 사용되는 용어인데 음악에서는 주로 실내악을 연주하는 소인원의 합주단을 말한다. 두 사람 이상의 연주를 평가할 때 앙상블이 좋다, 나쁘다는 식으로 표현을 하기도 한다. 이럴 때의 '앙상블'은 '함께'라는 뜻으로 연주가들이 함께한 이 연주에서 연주가들의 호흡이 아주 잘 맞았다 또는 호흡이 잘 맞지 않았다는 뜻으로 쓰인다. 내가 속해 활동하고 있는 서울 나눔 클라리넷 앙상블은 다섯 파트로 구성해서 함께 연주 활동을 하고 있다.

앙상블과 우리들 인생은 닮은 꼴

앞에서 이야기한 것처럼 앙상블 연주단은 여러 파트로 나누어서 아름다운 하모니를 만들어내고자 모인 모임이다. 하모니를 만들어 내는 앙상블은 여러 면에서 우리 인간들의 삶의 모습과 닮아 있다. 우리 인생은 처음부터 끝까지 하늘에서 뚝 떨어져 유아독존 홀로인 사람은 없다. 혹시 있다 하더라도 아마 우울증에 걸리거나 고독사로 생을 마무리하게 되지 않을까? 어느 시기에서든 어떤 곳에서든 우리는 어느 가족, 어느 학교, 어느 직장, 어느 모임, 어떤 교회, 어떤 마을에 소속된 누군가로 살아가고 있다. 사람들이 모여 있는 곳 어디에나 가족이든 일터에서이든 또 학교에서든 그 안에 있는 우리는 각자 다른 생각과 다른 배경, 가치관을 지니고 '함께' 지내게 된다.

서로 다른 사람들이 모여 있는 곳은 어디나 희로애락이 있고 함께 잘 지내는 데에는 서로 간에 노력이 필요하다. 마치 앙상블이 좋은 소리 좋은 음악을 만들기가 쉽지 않은 것처럼. 그렇지만 서로를 좀 더 잘 알게 되고 이해하게 되면 혼자서는 느낄 수 없는, 함께 함으로써 체험할 수 있는 크고 작은 행복을 만들어 갈 수 있지 않은가? 사랑하는 사람, 좋은 친구, 서로 믿고 아껴주는 가족처럼. 혼자 독주를 잘하는 것도 좋지만 함께 감동을 줄 수 있는 음악을 만들어 볼 수 있는 앙상블 활동은 음악을 하는 즐거움을 배가시켜주고 그 이상의 경험을 하게 됨으로써 나의 삶을 내가 기대했던 것보다 더욱 더 풍성하게 만들어 주었다.

앙상블이 내게 아름다운 이유

나에게 앙상블 연습과 연주는 마치 스포츠 경기 연습과 실전과 같은 효과를 준다. 운동 경기를 할 때 우리는 온몸과 정신을 집중해야 한다. 집중이 흐트러지면 경기의 승부는 바로 넘어가기 때문이다. 앙상블을 할 때 집중하지 않고 오늘 있었던 사건 아직 가라앉지 않은 짜증, 화, 분노 등을 되새김질하다 보면 바로 엉뚱한 음을 내거나 박자를 틀려 다른 사람들에게 피해를 주게 되며 음악이 아니라 소음을 만들게 된다.

그래서 앙상블 연습을 하는 것은 마치 운동을 할 때 머리를 비우고 집중함으로써 갖게 되는 카타르시스를 경험하는 것 같은 효과를 준다. 복잡하고 어지러운 여러 가지 문제들, 소화되지 않았던 감정들, 풀리지 않아 막혀있던 생각들을 잠깐이나마 머릿속에서 비워내고 온전히 악보와 지휘자 그리고 다른 사람의 소리에 집중하여 연습하다 보면 스포츠경기 연습을 하고 땀을 흠뻑 흘렸을 때처럼 머리를 비워주는 시간을 보내게 되는 것이다.

나눔 클라리넷 앙상블은 매주 월요일 저녁 두 시간 앙상블 연습을 1년 열두 달 쉬지 않고 한다. 나도 월요일 이 시간은 미리 스케줄에 넣어 놓고 해외 출장을 갈 때와 같이 아주 불가피한 경우를 제외

하고는 꼭 참여하려고 노력한다. 아무리 바빠도 일주일에 두 시간을 내는 일은 불가능한 일이 아니다. 일주일 동안의 복잡한 내 머릿속도 잠시 비우고, 집중해서 악기를 불다 보면 피곤함 속에서도 새로운 기운이 차오름을 느끼곤 한다. 나만 그런가?

앙상블에서 배우는
함께하는 지혜

🎧 **내가 온전히 책임지는 내 소리의 아름다움**

앙상블이 좋은 소리를 내려면 무엇보다도 먼저 각 구성원이 모두 각자의 파트의 음을 온전히 책임져야 한다. 내가 맡은 음을 다른 사람이 대신 내어 줄 수가 없다. 내가 내는 소리의 질과 옹골참 그리고 그 톤의 정확함을 다른 멤버가 아닌 내가 온전히 책임져야 한다. 그래야 앙상블이 좋은 음악을 만들어 낼 수 있다.

이를 위하여 항상 롱톤 연습과 온음 반음 스케일 연습을 충실히 해야 한다. 이건 운동선수들이 최선의 경기 결과를 내기 위해 각자 기초 체력운동을 충분히 해서 기본을 잘 다지는 것과 같다. 마찬가지로 내가 속해 있는 어떤 조직에서든 남이 어떻게 해주기를 바라기 이전에 내가 맡은 바를, 내가 그 조직의 막내이든 우두머리이든, 또 그 일이 어떤 일이든 간에, 스스로 온전히 책임지고 행해 낼 때 내가 속해 있는 그 팀에서 나의 본분을 다하는 것이며 나의 존재 가치

체인지 UP

가 이루어지는 것이며 나아가서 그 팀이 성공할 가능성이 더욱 커지는 것이다.

내 소리보다 동료의 소리에 더 귀 기울이기

앙상블이 아름다운 음악을 연주하기 위해서는 각각의 구성원들이 나의 소리에 신경 쓰는 것 그 이상으로 옆 사람의 소리에 더욱 귀를 기울여야 한다. 옆 사람의 소리와 내 소리가 어울려 같은 색깔을 지닌 하나의 음으로 또는 화음으로 만들어질 때 비로소 감동을 줄 수 있는 앙상블이 되는 것이다.

앙상블은 팀 스포츠와 같다. 축구를 잘 모르는 나도 아는 토트넘 홋스퍼에서 활동하고 있는 손흥민 선수는 모든 면에서 훌륭하지만, 특히 공격할 때 그 시야를 넓게 가지고 간다는 해설을 들은 적이 있다. 공격할 때 골문을 향하여 앞만 보고 질주하는 것이 중요한 게 아니라 전방 좌우 양측에 상대팀 선수, 그리고 우리 선수들의 움직임을 살펴 슛을 해야 할 때와 패스를 해야 할 때를 판단하면서 공격하는 능력이 뛰어나다는 것이다.

우리의 일터에서도 남이야 어찌 되든 말든 나 혼자 내 맡은 일을 멋지게 해냈다고 해서 모든 일이 해결되는 것은 아니다. 내 옆의 동료들과 선후배들이 하는 일과 내 일이 서로 시너지를 내는지, 중복되어 낭비되는 시간과 에너지는 없는지, 나의 도움이 필요한 일은 없는지, 같은 목표와 방향을 바라보고 가는지를 염두에 둘 때 우리는 함께 더 많은 것을 이루어낼 수 있는 것이 아닐까?

크레센도와 데크레센도의 마법

감동을 주는 음악을 만들어가려면 크레센도(점점 커지게)와 데크레센도(점점 작아지게)를 잘 해야 한다. 점점 커지거나 점점 작아지더라도 음이 가지고 있는 힘과 단단함을 잃지 않아야 하는 것 또한 매우 중요하다.

음악을 피아니시모(가장 약하게 연주하라는 악상기호)로 연주하는 부분에서 듣는 사람들이 더 깊은 감동을 받는 경우가 많다. 앙상블에서는 이 크레센도와 데크레센도를 단원 모두가 한 사람이 하는 것처럼 지휘자의 신호에 따라 움직여야 한다. 이 악상의 움직임이 잘 만들어졌을 때의 그 느낌은 뭐라고 표현할 수 없는 뿌듯함? 자랑스러움? 복합적인 감정을 느끼게 된다.

우리가 매일매일 닥치게 되는 일상의 과업들에도 크레센도와 데크레센도가 반복된다. 크레센도로 일들이 풀려가면서 치달을 때 과하게 흥분하거나 지나치지 않고 데크레센도의 지점에서도 쉽게 좌절하거나 힘을 빼지 않고 버티는 훈련을 반복적으로 하게 되면 우리도 삶의 우여곡절에 일희일비하지 않고 아름다운 음악처럼 나의 하루를 나의 한 달을 멋스럽게 만들어나가게 될 수 있는 순간들이 점점 더 늘어가게 되지 않을까?

체인지 UP

🎧 지휘자 바라보기

앙상블의 연주가 좋은 결과를 얻으려면 두 가지 요소가 중요하다. 앞에서 이야기했던 것과 마찬가지로 첫째는 각 연주자의 악기가 잘 조율되고 내가 맡은 음을 온전히 잘 내야 하며, 둘째로 각 연주자는 다른 연주자들과 잘 융화될 수 있도록 동료의 소리를 잘 들으며 정확한 순간에 소리를 내야 한다.

그런데 우리가 아직 고려하지 않은 것이 있다. 그것은 바로 우리가 연주하고자 하는 곡이 무엇인가, 지휘자가 연주하려는 곡은 무엇인가이다. 아무리 좋은 소리를 내고 정확한 순간에 소리를 냈다 해도 춤곡을 연주해야 할 상황에서 장송곡처럼 연주했다면 그 연주는 성공했다고 볼 수 없는 것이다.

아마추어들이 많이 하는 실수 중 하나가 연주할 때 머리를 악보에 처박고 연주하는 것이다. 이는 연습이 부족하여 악보를 머릿속에 넣지 못했거나 불안한 마음에 눈을 악보에서 뗄 수가 없기 때문인데 앞에서 끌어가는 지휘자에게는 너무 힘들고 괴로운 문제이다. 지휘자는 음악의 매 순간 표현하고 싶은 내용을 가지고 있는데 단원들이 지휘자를 쳐다보지 않고 자기만의 연주를 하면 지휘자의 의도와는 전혀 다른 내용의 연주가 되어버리는 것이다.

우리의 삶에도 이 세 가지는 정말로 중요한 것 같다. 첫 번째, 각 개인이 자신의 내면에 있는 것들을 잘 정돈하고 각자의 자리에서 내 맡은 역할을 최선을 다해 해내고 있는지, 두 번째, 각 개인이 서로에 대하여 관심을 가지고 공평하게 처신하며 조화를 이루어내고 있는지, 그리고 세 번째, 내가 속해 있는 공동체가 같은 목표, 같은 목적지를 향하여 가는지, 우리의 지휘자가 연주하려는 곡은 무엇인지를 같이 이해하고 있는지다. 하여, 지휘자를 사랑하고 바라보자. 그가 연주하고 싶은 곡이 무엇인지를 잘 이해하도록 최선을 다하자. 아마추어이지만 프로처럼!

나에게 안성맞춤

: 서울 나눔 클라리넷

2008년에 서울 나눔 클라리넷 앙상블에 대한 이야기를 듣게 되었는데 이 클라리넷 앙상블의 창단 취지가 클라리넷을 통한 나눔에 있다는 것이었다. 나도 악기 하나 배워보고 싶다는 단순하고 가벼운 생각으로 시작해서 음악홀을 대관하여 연주회도 해보고 나니 재미도 있고 또 훌륭한 취미가 생겨서 나름 뿌듯해하고 있었는데 서울 나눔 클라리넷은 거기에서 더 한발 나아가 이를 통한 나눔을 하겠다지 않는가! 오~ 나에게도 남에게 나누어 줄 수 있는 무언가가 있다는 거네? 이는 꿩 먹고 알 먹고, 누이 좋고 매부 좋고, 도랑 치고 가재 잡고, 님도 보고 뽕도 따고, 마당 쓸다 돈도 줍는 과연 일석이조가 아닌가!

나에게는 위로 언니가 둘 아래로 남동생이 하나 있는데 언니들 둘은 손재주가 너무 좋으셔서 음식이면 음식, 바느질이면 바느질 못

하시는 게 없으시다. 명절 때면 송편, 만두 등을 집에서 빚었는데 정말로 예쁘게 빚어서 한입에 쏙 들어가게 예쁘게 빚으신다. 게다가 맛도 엄청 좋다! 작은언니는 그 외에도 꽃꽂이도 사범을 가르치는 연구원까지 하셨고, 뜨개질, 매듭, 자수, 볼링까지 무엇이든 수준급 이상으로 하신다. 나중에 은퇴하실 때쯤에는 봉사하신다고 미용사 자격증, 요리사 자격증까지 다 따셔서 국가 자격증이 여러 개 되신다.

그런데 같은 어머니에게서 나온 나는 그런 쪽에는 재주가 크게 없어 남편이 같은 자매인데 많이 다르네… 하곤 했다. 나는 책보는 재주는 좀 있었던 것 같은데 딱히 남을 위해 무언가 나누어 주려고 하면 특별한 재능이 없다고 생각하곤 했다. 그런 중에 내가 배우고 있는 클라리넷이라는 악기로 나눔을 할 수 있다고 하니 어찌 기쁘지 아니하겠는가 말이다.

 ## 아마추어지만 프로처럼

사람에게는 누구나 자기에게 맞는 자리가 있다. 나와 잘 맞는 자리에 있을 때 나도 행복하고 나의 주변도 행복하다. 내가 직업으로 하는 일은 기업과 기업의 인사 조직에 관련된 일이다. 우리는 기업의 조직문화를 진단해 주고 또 기업의 비전에 맞은 조직문화를 형성하는데 도움을 주기도 한다. 특별히 조직의 리더들에 관련한 평가 및 컨설팅을 하는 일이 내가 속해 있는 회사의 주요한 업무 중 하나이다.

어느 조직이 지속적으로 성장하며 잘 성과를 내느냐는 그 조직의 리더가 누구냐 어떤 사람이냐에 크게 좌우된다. 한 조직의 새로운 CEO를 뽑을 때도 내부 후보자이건 외부 후보자이건 그 후보자의 개인적 역량 및 성공 히스토리도 중요하지만, 무엇보다도 그 CEO의 성공을 좌우하는 것은 그 후보자가 가지고 있는 특장점들이 그 시점의 해당 조직의 필요에 잘 맞느냐 하는 것이다. 아무리 능력 있고 훌륭한 리더라 하더라도 그 사람의 능력이 제대로 쓰이지 않으면 리더도 그 밑에서 일하는 구성원들도 나아가서 조직 전체가 어려움을 겪게 되는 것이다.

거꾸로 생각했을 때 내가 어느 조직에 들어갈 때도 그 조직의 리더가 가지고 있는 비전 그 조직의 문화가 나와 잘 맞는지를 생각해보는 것이 중요하다. 무슨 취미활동 하는데 그렇게 거창하게 생각하느냐고 할지도 모르지만, 사실 이렇게 오래 하고 있을 줄은 나도 몰랐는데, 내가 어떻게 서울 나눔 클라리넷 앙상블과 강산이 한 번 변한다는 10년을 넘어서도 5년을 더 한 15년째 함께해오고 있는가를 돌이켜보니 바로 이것이 이유가 아니었나 생각된다.

서울 나눔 클라리넷 앙상블의 창립자이자 지휘자인 김문길 선생님은 내가 처음 만난 15년 전이나 지금이나 한결같다. 한 사람이라도 우리의 음악을 필요로 하는 곳이 있으면 어디든지 달려가 음악으로 사랑을 전달하겠다는 그 마음을 잃지 않고 우리를 이끌고 있다. 그와 동시에 우리는 취미로 악기를 하지만 꾸준히 실력을 갈고 닦아 듣는 이들에게 감동을 줄 수 있는 음악을 해야 한다는 신념을 가지고 있다. 아마추어이지만 프로처럼.

서울 나눔 클라리넷 앙상블은 1년 열두 달 매주 월요일 저녁 두 시간 연습을 한다. 연습하다가 5분이 남으면 한 곡 연습 더 하고 끝내시는 지휘자님 덕분에 섣불리 임할 수 없는 연습 시간이다. 또한 매년 정기연주회를 개최하며 연주 실력이 조금씩 쌓이고 있다. 2021년에도 제13회 정기연주회를 서울 예술의전당 IBK 홀에서 성황리에 잘 마칠 수 있었다.

혹시 당신은 지금 취미로 클라리넷을 하고 있는데 악기를 통한 나눔으로 풍성한 삶을 살고 싶은가? 당신은 무엇이든 하면 내가 할 수 있는 한도에서는 제대로 하고 싶어 하는가? 적당히 하다 어느 정도에서 타협하는 것을 싫어하는가? 꾸준히 노력해서 조금씩이라도 발전해나가는 것에 성취감을 느끼는가? 그런데 악기 하나 취미로 배워보고 싶은가? 서울 나눔 클라리넷 앙상블에 관심을 가져 보시기를 적극 추천한다.

🎧 다양성 속의 조화로움

2017년 2월 24일은 나눔 앙상블 단원들에게 잊지 못할 추억의 날이다. 그해 우리는 엄홍길의 휴먼재단이 설립하고 있는 히말라야 산악지역 16개 학교 중에 아홉 번째 학교로써, 히말라야 제5봉인 마칼루의 세두와 지역 해발 3000m 고지에 세워진 산골 학교 준공식 축하 음악회를 열어드리기 위하여 갔었다. 우리 앙상블 최초의 해외 연주회였다. 서울에서 출발해 학교에 도착하기까지 8시간 산행을 포함한 편도 2박 3일간의 여정을 단원 23명 중 낙오자나 사고자 없이 잘 마쳤다. 여정 끝에 선물과도 같이 전 세계 트랙커들의 로망인 포카라에 도착했다.

2월 24일은 윤형한 단장님의 칠순 생신이자 당시 우리 팀 맨 막내인 신애의 22번째 생일이었다. 단장님과 신애는 무려 네 바퀴 돌아 띠동갑이기도 했다. 우리는 깜짝 생일 케이크를 준비하고 생일 축하곡을 함께 연주하며 축하하는 즐거운 자리를 가졌다. 무려 48년의 나이 차이를 품어 함께 지내고 있는 이 모임, 기업인, 주부, 학생, 선생님, 촬영 감독님, 교수, 음악인, 다양한 사회적 배경을 지닌 멤버들이 조화롭게 클라리넷과 나눔을 중심으로 모여 있다.

자기가 가지고 있는 다양한 능력과 특기들을 나눔 앙상블을 위해 또 앙상블 팀원들을 위해 아낌없이 사용하는 이 멤버들을 어떻게 존경하고 사랑하지 않을 수 있는가. 우리나라에는 어떤 자리에서든 명함을 먼저 내밀고 나의 사회적 위치를 통해 나의 존재를 보여주는 통념, 수직적이고 위계적인 기업문화, 어떻게 해서는 경쟁에서 이겨야 한다는 사회적 압력, 본질에 충실한 것도 좋지만 인간관계를 위한 과외의 회식 자리가 중요하다는 사회적 묵계 등이 있다. 우리나라가 4차 산업혁명의 시대에도 경쟁력을 잃지 않고 혁신과 창의력에 바탕을 둔 지속 가능한 성장을 만들어가려면 수직적 문화에서 수평적 문화로, 경쟁일변도에서 협업을 통한 시너지 창출로, 다양성에 대해 좀 더 포용적인 사회를 만들어나가야 한다고 생각한다. 서울 나눔 클라리넷 앙상블에는 본질에 집중하면서 다양성 속의 조화로움을 경험할 수 있는 흔치 않은 그 무언가가 있다.

체인지 UP

나눔 앙상블에 있게 한 매력

    나는 대학 졸업 후부터 줄곧 일해온 워킹맘 커리어 우먼이다. 지금까지 총 다섯 개의 회사를 다녔는데, 현재 적을 두고 있는 회사에는 2000년에 입사해 아직까지 다니고 있으니 입사 23년 차이다. (요즘 젊은 직원들은 내가 동시대를 호흡하는 사람으로 보일까? 가끔씩 궁금하기도 하다.) 전체 38년 직장생활 중 23년을 한 회사에 다녔으니 총 커리어의 60%를 한 회사에서 보내고 나머지 40%의 기간을 다른 네 군데의 회사에서 보낸 셈이다.

    어떤 요소 덕분에 내가 현재 회사에서 오랜 기간 일을 할 수 있었을까 생각해 본다. 나에게 잘 맞는 일, 내가 잘하는 일, 나에게 자극과 격려를 지속적으로 해 주신 좋은 상사들, 서로 경쟁하면서 또 협력하면서 추억거리를 쌓아온 동료들, 후배들, 우리 세대에서는 좀 특이하게 여성으로서의 차별을 많이 받지 않을 수 있었던 근무 환경 등등 여러 가지 있었던 것 같다.

그중에도 좀 더 중요했던 것은 함께하는 즐거움이 곳곳에 있었고 특히, 나 자신이 지속적으로 성장할 수 있는 환경과 자극과 기회가 있었던 것이 아니었을까 생각한다. 이렇듯 어떤 조직과 10여 년 이 상을 함께해온 것은 그것을 가능하게 해준 여러 가지 요소, 멤버, 환경 등이 없이는 어려운 일일 터이다. 내가 15년을 함께하고 있는 서울 나눔 클라리넷 앙상블에는 뭐가 있었을까?

🎧 솔선수범 자기를 낮추는 리더십 - 김문길 지휘자님

앞에서 잠깐 서울 나눔 클라리넷의 창립자이자 지휘자인 김문길 선생님에 대하여 언급하면서 처음 만났던 15년 전이나 지금이나 한 결같다고 이야기한 적이 있다. 사실이다.

우리 단원 사이에서 도는 지휘자님의 별명이 독일 병정이다. 융통 성이 없고 고지식하게 원칙적으로 어려운 길을 골라서 꾸준히 정말 꾸준히 앞으로 간다. 취미 모임이지만 이삼십여 명이 항상 움직이 고, 정기연주회 때는 삼사십 명에서 삼백여 명까지 동원하는 일이 얼마나 고단하고 힘든 일일지 쉽게 상상할 수 있다. 그런데 그는 말 보다는 행동으로 솔선수범한다.

나눔 앙상블의 연습은 매주 월요일 저녁 7시에 시작하여 두 시간 합주 연습을 한다. 특별한 일이 없으면 1년 열두 달 쉬지 않는다. 15 년 동안 지휘자 선생님이 연습에 늦는다거나 개인 사정으로 연습을 못 하거나 하는 일을 본 적이 없다. 그렇다고 본인의 성실함을 남에

체인지 UP

게 감정적으로 강요하지도 않는다.

지휘자 선생님은 한결같지만, 또한 지난 15년 동안 꾸준히 성장하고 변화해 오고 있다. 우리에게 항상 한 발짝 앞서서 목표를 제시하고 나아가도록 이끌어 감으로써 아마추어팀이지만 대한민국 최고의 음악당인 예술의전당과 롯데콘서트홀에 서게 만들지 않는가? 또한 본인의 고집을 내세우기보다 다른 사람들의 조언을 적극적으로 경청하고 그를 바로 받아들임으로써 앙상블 모임이 끊임없이 생명력을 가지고 이어갈 수 있도록 사투리가 섞인 억양을 매력 있게 사용하면서 소통한다.

코로나로 연습이 어려울 때 전체 연습을 못 하게 되니 파트마다 최소단위로 쪼개어 연습을 이어 나갈 수 있도록 최선을 다했다. 연습실에 항상 먼저 가서서 보면대, 의자, 방 전체를 소독함으로써 단원들의 건강을 먼저 챙긴다. 나보다 어린 지휘자이지만 존경하는 우리 지휘자님이다.

 ## 우리들의 롤모델 - 윤형한 단장님

서울 나눔 클라리넷의 윤형한 단장님도 2회 정기연주회부터 함께하셨으니 거의 15년을 서울 나눔 클라리넷 앙상블과 함께해오고 계시다. 2017년 히말라야 천상의 연주회 때 칠순 생신이셨으니 올해 75세이시다.

단장님께서는 60세 때 클라리넷 악기를 시작하셨다. 집에 아들이 쓰던 클라리넷이 있어서 한번 배워볼까 하고 시작하셨다고 한다. 부장 판사를 역임하셨던 단장님은 그야말로 FM이시다. 매일 일정한 시간에 한 시간씩 연습한 뒤 그날 한 연습일지를 작성하신다. 10여 년째 꾸준히 하고 계시며 현재 서울 나눔 클라리넷 앙상블의 세컨드 파트의 중추 멤버이시다.

2017년 히말라야 연주회를 계획할 때에도 자녀분들이 걱정하고 말리셨다고 한다. 하지만 단장님은 체력을 잘 관리하여 전체 팀의 이동에 폐가 되지 않아야 한다고 연주회 가기 전, 거의 6개월 동안을 매주 산행을 하시면서 체력을 기르셨다. 실제로, 히말라야 연주 후에 다시 눔(중간 숙소)으로 돌아오는 등산길에 탈진하는 멤버들이 생기기 시작해서, 마지막 오르막 코스에서는 공사 중인 비포장도로로 트럭이 한 대 겨우 내려와서 몇 명이 타고 올라왔다. 부끄럽게도 나도 그중에 하나였는데 단장님께서는 끝까지 잘 걸어내셨다. 정정하게! 나도 단장님 연배가 되었을 때 저렇게 멋지게 해낼 수 있을까? 가까이서 닮고 싶은 분을 뵐 수 있다는 것도 행운이다.

🎧 귀한 나눔 작은 연주회들

매년 개최하는 서울 나눔 클라리넷 앙상블의 정기연주회는 점차 발전해 국내 최고의 음악당에서 실력 있는 협연자들과 함께 무대를

체인지 UP

꾸민다. 이 또한 멋지고 내가 서울 나눔 클라리넷 앙상블의 멤버가 아니었으면 해볼 수 없을 귀한 경험이다.

하지만 우리 앙상블의 백미는 작은 연주회들이다. 관객이 연주자 숫자보다 적을 때도 있고, 음악에 대한 지식이 거의 없을 수도 있고, 클라리넷 소리가 예쁘게 잘 울리지 않는 연주 환경일 수도 있다. 그래도 괜찮다. 우리의 진심이 담긴 음악 소리를 기뻐해 받을 수 있으면 우리는 그것으로 감사하고, 마음속이 행복함으로 송송 차오름을 느낀다. 우리에게 주어진 재능, 시간, 비용들을 조금은 우리가 속해 있는 사회, 또 상대적으로 결핍이 있는 이웃을 위해 사용할 수 있음에 감사하여 주말에 돌아오는 길이 막혀도 우리는 즐겁기만 하다.

지난 10여 년 동안 서울 나눔 클라리넷 앙상블은 백여 회에 걸쳐 연주회를 했다. 평균 1년에 7~10여 회의 연주를 해온 셈이다. 굳이 기억나는 한 연주를 꼽으라면 신림동 베이비박스센터에 연주 갔을 때였다. 우리가 갔을 때는 청소년 원생들이 외출하는 날이어서 영유아들과 중증 장애원우들과 함께 작은 음악회를 열었다. 유난히 리듬에 반응을 잘 하던 아이, 표현은 못 하지만 듣고 있는 것을 알 수 있었던 눈망울들이 아직도 기억에 남는다.

🎧 집중역량 강화주간 - 음악캠프

나는 음악캠프 매니아이다. 유일한 일반인 참가생으로 처음 음악캠프를 따라가서 입시생들의 스케줄에 맞추어 하루 종일 악기를 불어본 후, 내 수준에 있어서는 굉장하게 느껴졌던 실력의 점프(?)가 마약처럼 매년 캠프를 참가하게 만들었다. 회사에는 캠프 일정에 맞추어 휴가를 낸다. 직원들이 휴가 때 어디 가세요? 물으면 캠프 들어가요~ 하고 대답한다. 이해할 수 없다는 시선도 있고 익히 알고 있는 듯 웃음으로 응원하는 이들도 있다.

코로나 이전에 캠프는 서울에서 좀 떨어진 대학교에서 일주일간 열리곤 했다. 월요일 들어가 금요일 저녁 향상음악회를 하고 토요일에 해산한다. 하루 세 끼 식사하고 잠시 휴식, 그리고 수면시간을 제외한 시간엔 계속 악기를 분다. 아침 7시 롱톤 연습 한 시간으로 시작해서 저녁 식사 후 매일 개인 향상음악회로 마무리한다. 음악대학 개인 연습실을 배정받고 개인 레슨이나 앙상블 연습이 있을 때는 합주실로 가서 하고 나머지는 개인 연습실에서 혹시 주변에 소리가 들릴까 노심초사 걱정 "1"도 없이 맘껏 소리 내어 연습할 수 있다. 숙소는 방학 때 비어있는 기숙사를 이용하는데 짐들을 다 빼놓은 상태이기 때문에 우리는 침낭이나 얇은 침구를 가지고 들어간다.
하루는 반주자 선생님이 나에게 묻는다. 선생님은 왜 이렇게 사서 고생을 하세요? 이렇게 안 하셔도 아무도 뭐라고 하는 사람 없잖아요? 그러게 아마 누가 하라고 했으면 절대 절대 또 나의 성격상 죽어도 하지 않았을 일이다. 스스로 자발적으로 하는 일이니 기숙사 침대 매트리스에서 침낭을 놓고 자도 고생이라는 생각 "1"도 없다.

바빠서 평상시 연습량이 턱없이 부족한 대부분의 아마추어들은 실력 성장곡선이 둔화되는 즈음에 한 가지 중요한 결정을 해야 하는 시점에 도달한다. 이 정도에서 그냥 불고 싶은 레퍼토리 몇 개 갖고 가끔 즐기는 쪽으로 갈 거냐, 한 단계 도약을 위한 도움닫기를 할 거냐이다. 1년에 한 번 가는 캠프는 나에게 도움닫기를 하기로 마음 먹을 수 있게 해 주고 또한 그다음 1년 동안 먹고살 농축 양식을 축적하는 기간이다. 이때 한 연습으로 1년을 버티고 또 그다음 해 캠프를 기다린다. 최선이 어려우면 차선으로라도 최선을 다하자!

아픈 만큼 성숙해지고

생명체이든 비생명체이든 모든 조직의 성장에는 성장통이 따른다. 그냥 되는 일은 사실 세상에 별로 없다. 그만큼의 고민, 그만큼의 땀, 그만큼의 아픔이 자양분이 되어 역사든 인생이든 조직이든 한 걸음씩 앞으로 나아가는 것이 아닐까?

오늘의 서울 나눔 클라리넷 앙상블이 만들어진 과정도 매일매일 이 꽃길만은 아니었다. 하지만 돌이켜보면 이 또한 지나가리라 하는 생각으로 본질에 집중하며 함께 나아온 것이 역사가 되고 스토리가 되고 우리의 이야기가 되어온 것 같다.

 본질과 인간관계

앙상블 초기에 단원들의 단합을 도모하고 결속을 다져야 단원들 간의 관계도 좋아지고 새로운 단원들도 계속 영입이 되지 않을까 하는 생각들이 있었다. 하여 연습 이외에 함께 맥주도 한잔하고 또 간단한 운동도 하고 했었던 적이 있다. 그러다 보니 각자 개인의 성향이 많이 표출되기 시작하면서 서로 맞지 않은 부분들도 표면화되는 일들이 생겨났다. 이는 전체 단원들에게도 알게 모르게 영향을 끼치게 되는 결과가 되었으며 결국에는 몇 분이 앙상블을 떠나는 일이 일어났다. 여럿이 함께 모이는 모임이다 보니 모두가 한사람 같을 수는 없다. 하지만 서로에게 허용되는 선을 넘으면 안 된다는 교훈을 얻게 되었다. 그리고 이로 인하여 더욱 중요한 것은 모임의 본질에 충실해야 한다는 것을 깨달은 계기가 되었다.

서울 나눔 클라리넷 앙상블은 다른 여타의 취미 모임 또는 공부 모임에 흔히 있는 3교시가 없다. 매주 하는 정기 연습에는 정시에 연습 시작 10분 휴식 정시에 연습 종료 후 귀가하는 시스템으로 정착이 되었고, 아주 특별한 경우 좋은 이유가 있을 때 간단히 치맥 한잔이 있기도 하지만 그나마도 코로나 이후에는 아예 없어졌다. 그래도 앙상블 멤버들간의 유대는 각 파트장을 중심으로 잘 연결이 되어있고 긴밀하다.

조금 쉬었어도 괜찮아

2010년~2011년 나는 풀타임으로 일하면서 MBA 과정을 다니기로 했다. 18개월 동안에 30과목을 이수해야 하고 더욱이 해외에서 하는 과정이어서 한 달에 두 번 금토일 홍콩에 있는 학교에 가야 했고, 가지 않는 주말에는 숙제와 리포트 다음 달 과목 예습물 등으로 나의 하루는 분 단위로 돌아가야 했다. 처음에는 개인 연습은 못

하더라도 정기 연습만이라도 참석하면서 앙상블을 놓지 않으려고 했었으나 곧 역부족임을 깨닫게 되어 한 해 앙상블을 쉬게 되었다. 하여 2011년 정기연주회에는 연주로 참석할 수 없어서 당일 스태프로 도와줌으로써 아쉬움을 달래야 했다.

그런데 악기를 입에 물지 않는 시간이 한 달 두 달 1년이 되어가다 보니 내가 다시 악기를 시작할 수 있을까 하는 걱정과 고민이 시작되기 시작했다. 그런저런 고민을 이야기했을 때 지휘자 선생님이 나에게 이야기해 주셨다. "선생님 자전거 타실 줄 아시지예? 1년 동안 안 타다가도 다시 타기 시작하면 곧 자리잡게 됩니다. 걱정 마세예~" 그 말은 나에게 용기를 주었고 18개월 공부를 마치고 난 후 다시 악기를 잡는 데 큰 도움이 되었다.

혹시 어떤 취미를 열심히 하다가 어떤 이유로든 쉬게 되면 그 리듬을 다시 찾기가 어려워 힘들어하거나 결국에는 포기하는 경우가 있다. 그렇지 않다. 좀 쉬었어도 괜찮다. 다시 시작하는 마음으로 용기를 내면 생각했던 것보다 훨씬 더 많이 내 몸이 기억하고 있다. 그리고 더욱더 중요한 것은 함께 하는 사람들이 있으면 내가 다시 시작할 수 있도록 격려해 주고 도와줄 수 있다. 혼자 하는 것보다 함께하는 것은 아름답다!

자비로 하는 것에 대한 부담

서울 나눔 클라리넷 앙상블은 멤버들의 회비가 유일한 재정 수입원이다. 정기연주회를 할 때는 연주회에 드는 비용 중 혹시 있을 수 있는 크지 않은 후원금 이외의 전 비용을 나누어 참가자들이 부담하고 있다. 사실 적은 돈이 아닐 수 있지만, 우리가 허투루 비용을 사용하지 않고 정말 꼭 필요한 비용만 발생하게 하려고 지휘자님 총무님 이하 모든 분이 노력하신다. 개인의 재능을 사용해 봉사하시는 분들은 다 보수 없이 하시기도 하고. 그러다 보니 정기연주회 참가 인원이 적어지면 개인이 부담해야 하는 금액이 상대적으로 커지게 되므로 일정 수 이상의 참가 인원이 필요하다.

어느 한 해에는 비용을 부담하고 참여하는 인원이 열 명 이하로 내려간 적이 있었다. 그해에는 지휘자 선생님 총무님들과 앉아서 올해까지만 해보고 너무 힘들면 내년부터는 정기연주회가 어렵지 않을까를 심각하게 고민한 적이 있다. 다행히 다음 해에는 상황이 조금이나마 나아졌고 2017년 히말라야 연주를 계기로 더욱 탄탄한 앙상블의 재도약이 이루어지기도 했다. 그때의 고비를 잘 넘기지 못했으면 오늘날의 서울 나눔 클라리넷 앙상블은 없었을 것이다.

 예상치 못했던 내 삶의 쉼표, 암 투병

코로나가 한참이던 2021년 11월경부터 나는 심한 피로와 함께 갑작스러운 알레르기 증상, 심각한 구내염, 발바닥 안쪽에 모세혈관

출혈 현상들을 겪기 시작했다. 당시 나는 여전히 바쁜 스케줄을 소화해 내고 있었고 심지어는 12월 초 그리스 여행 스케줄까지 잡혀 있었다. 다행히 그리스 여행은 코로나의 재유행으로 취소되었고 나는 이미 내놓은 휴가에 더해서 12월 한 달을 병가로 내고 쉬기로 했다.

휴양을 할 수 있는 곳에 머물며 병원을 계속 다녔으나 입속 혓바닥 아래위로 난 열몇 개의 구멍에 대하여 답을 주는 병원이 없었다. 다니던 내과 선생님의 권유로 대형병원의 혈액종양내과에 가서 엄청난 검사를 했으나 결론은 혈액종양내과의 소견으로는 특별한 게 없다는 결론이었다. 감사한 일이기는 했으나 마음 한구석이 찜찜한 마음이 있는 채 1월에 다시 업무에 복귀했다.

3개월이 지난 후 4월 1일 만우절 날 나는 고열로 응급실에 실려 갔다. 그날 밤 바로 입원을 하게 하고 수많은 검사를 진행한 후 딱 일주일 후 4월 8일 공격성 혈액암 미만성 거대B세포 림프종 4기라는 진단을 받았다. 그 주말을 지나면 위험해질 수 있다는 교수님의 판단에 따라 그날 바로 항암치료를 위한 케모포트 삽입술을 받고 바로 항암을 시작하게 되었다. 이 모든 일이 너무 순식간에 일어났고 내가 암 환자가 되었다는 실감도 하기 전 항암을 시작하게 된 것이다.

첫 번째 항암치료는 엄청난 부작용을 일으켜 나는 40일 동안 퇴원을 못 하고 병원에 누워있어야 했다. 매일 환자복을 두세 번 갈아입을 정도로 식은땀을 흘리고, 설사를 하루에 스무 번 가까이 하는 증상들을 겪으며 40일 동안 10여kg이 빠져 있었다. 벚꽃이 피기 시작할 때 병원에 들어갔는데 퇴원할 때 보니 어느새 신록의 계절 5월이었다.

6차에 걸친 항암치료를 하는 동안, 나의 경우에는 뇌척수액에도 암세포가 있을 가능성이 있는 검사 결과가 있어서 항암치료 때마다 척추 천자라고 하는 항암 척수 주사를 병행했다. 척추 천자는 척수에 바늘을 꽂아 주사하기 때문에 시술 후 5시간은 모래주머니를 주사 자리에 대고 천장을 바라보고 누워있어야 하는 일이 고역이었다.

감사하게도 3차 항암 후 PET CT 결과는 '완전 관해 – PET CT상으로 암세포가 보이지 않는 상태'로 보인다고 교수님께서 좋은 소식을 알려주셨다. 그러나 항암은 6차까지 다 진행해야 했고 나의 경우는 재발 가능성이 큰 고위험군에 속한다고 하셔서 6차 항암 후 조혈모세포 이식 수술을 권고하셨다. 그에 따라 11월 자가조혈모세포 이식 수술을 진행했다.

조혈모세포 이식 수술은 지난 6차에 걸친 항암과는 비교가 안 되는 고강도의 치료의 과정이었고 내 몸의 면역 수치를 '0'으로 끌어내렸다가 다시 살려내는, 마치 죽음의 문턱에 갔다가 다시 살아나는 느낌이었다. 하나님이 창조하신 우리 몸의 신비와 우리가 전혀 의식하지 못하고 살아가는 우리 몸의 면역력의 막강한 능력을 거꾸로 실감할 수 있는 신비하고도 고통스러운 경험이었다.

나는 아직 면역 수치가 충분히 올라오지 않고 있고 조혈모세포 수술 이후 조심해야 하는 기간이라 음식도 익힌 음식 위주로 외부 접촉도 제한하고 자가 격리 수준으로 지내고 있다. 거의 1년이라는 예기치 않았던 투병 기간, 많은 시간을 혼자서 보내게 되면서 일상의 분주함에서 분리된 상태에서 분 단위로 바삐 지냈던 지난 시간을 돌아볼 수 있는 시간이 되었다. 동시에 앞으로 만약 건강이 회복되고 허락하신다면 나에게 덤으로 주어진 시간을, 내 인생 2막을 어떻게 보내야 할까에 대한 생각도 이전과는 다른 관점에서 하게 되었음을 고백한다.

 파독 근로자 60주년 베를린 아리랑 음악회와
나의 삶 60주년 아리랑

나눔 클라리넷 앙상블은 파독 광부 간호사 60주년을 맞이하여 이제 노령에 접어드신 그분들을 위로하는 특별한 음악회 "베를린 아리랑"을 기획하여 2년여간의 준비 끝에 드디어 2023년 4월 15일 베를린 돔에서 공연하게 되었다. '베를린 아리랑' 음악회는 나에게도 아주 특별한 의미가 있는 행사이다.

우리 민요 아리랑에 대한 해석은 다양하다. 그중 『한국인에게 고함』의 저자 이승헌은 '아리랑'을 나를 찾아가는 기쁨의 노래로 풀이했다. 아리랑은 우리 민족의 얼이 엉글고 엉글어서 만들어진 영혼의 노래라며 여기서 님은 삶의 영원한 근원, 참나, 커다란 민족적 자아라고 했다. 깨달음의 노래로 보았을 때 아리랑은 '나를 깨닫는 기쁨', '내가 깨닫는 기쁨'이며 여기서 나는 우리 내면에 숨어 있는 진짜 '나'를 일컫는 말이라 했다.

베를린 아리랑 연주는 60주년을 맞이하는 파독 광부 간호사 여러분에게 드리는 감사와 위로의 이별과 만남의 아리랑일 뿐만 아니라 파독 근로자 파견의 원년인 1963년에 태어나 올해 환갑을 맞이하는 나에게도 매우 특별한 아리랑으로 다가왔다. 연주할 정도로 체력이 회복되지 않아 비록 함께 무대에서 연주는 못 할지라도 14시간이 넘는 비행시간을 이겨낼 수만 있다면 선발대로 따라가 함께하며 나만의 아리랑, 나를 찾아가는 기쁨의 노래를 마음속으로나마 아름답게 연주해 볼 수 있기를 조심스럽게 기대해 보고 있었다. 특히 베를린 아리랑 연주 행사를 총감독하시던 박길홍 감독님의 격려와 응원은 혹시나 전체 행사에 부담이 되거나 누가 되지 않을까 하는 나의 노파심과 염려를 내려놓는 데 너무 도움이 되었음을 이 자리를 빌려서 말씀드리고 싶다.

베를린 아리랑 연주회가 한 달 앞으로 다가오는 3월에 한 혈액검사의 결과는 실망스럽게도 면역 관련 혈구 수치들이 오히려 주저앉아버린 것으로 나왔다. 그쯤 되면 정상 수치는 아니더라도 크리티컬한 수준은 넘어설 것이라 가졌던 기대와는 정반대의 그 결과는 지난 1년 동안의 투병생활에서도 잘 버텨주었던 나의 마음을 여지없이 흔들어 놓았다. 가까이 있는 가족들의 작은 일에도 서운한 마음이 걷잡을 수 없고 우울한 마음을 가누기가 힘들었다.

다행히 독일을 가고 싶어 하는 나의 마음을 아시는 교수님께서는 무리하지 않으면 다녀와도 좋다고 용기를 주셨고 여러 가지 경우에 필요할 수 있는 비상약들을 처방해 주셨다. 주변 많은 이들의 염려와 걱정 또 용기를 주시는 기도와 응원을 받아 4월 6일 뮌헨행 루프트한자 비행기에 몸을 싣고 출발하였다.

나눔 클라리넷 앙상블 단원들의 이해와 배려 속에서 무사히 독일 연주를 다녀온 지금, 따뜻한 차 한 잔을 앞에 놓고 꿈과 같았던 그 시간들을 돌아볼 수 있음에 처음부터 지금까지 지켜주신 주님의 은혜에 감사하지 않을 수가 없다. 선발대의 메모리 픽처 촬영, 찾아가는 음악회 활동에도 함께하고, 또 감사하게도 컨디션이 허락하여 역사적인 베를린 돔 연주회장 무대에도 함께 서서, 꽃다운 나이에 낯설고 물선 천 리 만길 독일로 오셔서 60여 년이 지난 지금 흰머리 성성하신 그 어르신들과 함께 위로와 감동을 나눌 수 있었던 그 순간은 우리의 아리랑이 그 웅장하고 아름다운 돔 가득 울려 퍼진 다시 오지 못할 꿈과 같은 시간이었다.

베를린 아리랑 음악회는 내 삶에 선물처럼 또 하나의 기쁨과 감사함을 가져다 주었다. 독일에 머무르는 동안 면역력 약할 때 외부 음식을 너무 먹으면 좋지 않다고 된장찌개, 김치찌개, 나물, 비빔밥 등 한식으로 도시락을 싸서 매번 호텔로 가져다 주신 베를린 파독 근로자 요양 선교센터 해로의 봉지은 대표님과 박희명 선교사님의 나눔의 마음도 잊을 수가 없다.

지난 1년 동안의 투병기간을 돌아보면 항암하고 이식 수술하고 회복하느라 내 삶의 모든 곳에 스톱버튼이 눌린 채 아무것도 하지 못한 시간이었지만, 또 달리 생각해 보면 태어나 60년을 지내고 새로이 맞이하는 해 환갑에 선물처럼 주어진 감사로 채워진 쉼의 시간이기도 했다는 생각이다.

Dream Comes True and Beyond!

🎧 나의 꿈

막연하게 나도 악기 하나 하고 싶다던 바람이 나의 꿈으로 그 씨앗을 매기게 된 계기가 있었다. 바로 1998년 제9회 이건음악회 로드아일랜드 색소폰 4중주단 연주였다. 이 음악회가 뜻깊은 이유가 또하나 더 있다. 바로 1998년 사상 초유의 IMF 사태로 대한민국이 정치적으로 경제적으로 폭풍우 속에 흔들리고 있었고 많은 기업이 도산하는 사태가 일어나고 있었던 바로 그해에 이루어진 공연이었다는 것이다.

메세나 활동의 대표기업인 이건그룹은 9회 이건음악회를 취소하지 않고 진행했다. 당시 이건음악회의 총감독을 맞고 있었던 고 한상우 음악평론가의 인사말에는 이렇게 쓰여 있었다. "…지금 우리 국민은 역사상 가장 힘든 시대를 살아가고 있나 싶습니다. 입에 풀칠하기도 힘든 세상에 음악회는 무슨 음악회냐고 반문할 수도 있고 비생산적인 일에 돈을 쓴다고 불평할 수도 있겠지만 그럼에도 불구하고 이건음악회를 계속 하는 것은 물질 때문에 정신이 파괴되어서는 안 된다는 분명한 진리를 알기 때문입니다. 어찌 보면 물질로 인해 어려움을 당하면 당할수록 정신문화가 힘을 발휘해야 하고 정신문화의 중심에는 언제나 고전음악이 자리 잡고 있다는 점에서 이건음악회는 세상을 향해 빛의 역할을 감당하고 있다고 하겠습니다…"

　"로드 아일랜드 색소폰 4중주단"은 색소폰 앙상블 분야에서 세계적인 명성을 가진 미국의 뉴잉글랜드 지역 출신의 색소포니스트 4인으로 구성된 단체였다. '바흐부터 거쉰에 이르는 클래식은 물론 가장 미국적인 음악인 재즈, 포크 뮤직, 비틀즈에서 스코트 조플린까지의 록을 망라하는 폭넓은 레퍼토리에 자신들이 직접 작곡 및 편곡한 작품들까지 폭넓은 음악 세계를 자랑합니다'라고 쓰여있는 소개말처럼 무대를 가득 채우고 그 깊이와 폭으로 관중들을 사로잡고 즐거움으로 열광하게 했다.
　이 연주가 내게 특별했던 것은 사회자가 하던 멘트 중에 중주단 멤버들이 자신만의 직업을 따로 가지고 또 연주자로서 활동도 한다는 말이 내 귀에 쏙 들어와 깊이 꽂혔기 때문이다. 그때 그 이야기를 들으며 와 멋지다~ 자기 직업을 가지고 있으면서도 저렇게 국제적으로 연주를 다닐 수준이 될 수 있다니 나도 저럴 수 있으면 좋겠다 등등 이런 생각을 막연히 했던 것 같다. 이번에 새삼스럽게 다시

자료를 찾아보니 네 분 중에 두 분이 한 분은 교사, 한 분은 심리상
담센터와 신경과에서 일하고 계신 분이었다.

Dream Comes True!
대한민국 최고의 클래식 공연장 무대를 섭렵하다!

서울 나눔 클라리넷은 매년 정기연주회를 열어오고 있다. 2022년
에 14회 정기연주회를 했으니 정말 눈이 오나 비가 오나 빠지지 않
고 한 셈이다. 정기연주회의 목적은 1년 동안 연습을 통해서 쌓은
실력을 우리를 지원해주고 응원해주는 가족 친지 그리고 주변의 많
을 분들을 모시고 보여드림으로써 그분들께 감사를 표하고 또 더
나아가 감동과 힐링의 시간을 선사하기 위함이다.

우리가 나눔을 하기 위해서 평상시에 연주를 가는 곳들은 소규모
의 연주가 많아서 좀 듣기 편하고 잘 알려진 곡을 위주로 많이 하게
된다. 하지만 정기연주회는 클래식 음악당을 대관해서 하는 정식 연
주이므로 연주의 레퍼토리 구성도 다르고, 협연자도 초청하고 음악
회로서의 모양새를 갖추어 진행하게 된다. 자연스럽게 정기연주회에
임하는 우리의 연습도 좀 더 진지해지고 그로 인해서 우리의 실력도
꾸준하게 향상했다.

나눔 클라리넷 앙상블을 하게 되면 얻게 되는 큰 보너스가 있다.
바로 대한민국 최고의 공연장에서 연주를 할 수 있다는 것! 아마추

어 악기 연주자로서 세종문화회관, 예술의전당, 롯데콘서트홀의 무대에 모두 서보았다면 믿어지는가? 이 모든 공연장에 연주를 들으러 갈 수는 있지만 그 무대에 서는 것은 완전히 다른 스토리이다.

공연 당일 리허설 시간에 맞추어 '연주자 출입구'를 통하여 경비하시는 분에게 수줍으면서 당당하게(?) 인사하고 무대 뒤 대기실로 들어간다. 그 기분을 당신은 아는가? 그 대단한 무대에 서는 것뿐만 아니라 무대 뒤 대기실에 앉아 있을 때의 그 떨림과 긴장 그리고 흥분으로 인한 소름은 아무나 경험할 수 없는 것이라 감히 자신한다. 특히 아마추어들에게는. 씨앗처럼 품었던 나의 꿈이 클라리넷과의 인연으로 또 나눔 클라리넷 앙상블과의 인연으로 이 대단한 무대에 설 수 있는 현실로 하나하나 실현되고 있는 것이다.

🎧 Dream Comes True! 대한민국을 넘어 세계로

로드 아일랜드 색소폰 4중주단을 보면서 꾸었던 꿈, 나도 악기를 하면서 저렇게 세계를 다니며 연주할 수 있으면 좋겠다 하는 꿈도 차곡차곡 이루어져 가고 있다. 나눔 클라리넷 앙상블과 함께. 이 일들도 물론 절대로 쉽게 이루어지지 않는다. 매 공연 많은 이들의 수고와 봉사, 희생 그리고 전체 단원들의 진심을 다한 열심의 결과라 하겠다.

또 하나, 나눔 클라리넷 앙상블 해외 연주의 특징은 문화적으로 물질적으로 정신적으로 위로가 필요한 곳으로 향한다는 것이다.

2017년의 히말라야 제5봉 마칼루 지역에 세워지는 엄홍길 휴먼 학교 준공 기념 천상의 음악회, 2018년 남아프리카 공화국 케이프타운 흑인거주지역으로 위로 음악회를 다녀왔다. 2020년 7월 4일에 있을 로마 바티칸 성당의 오후 5시 미사 연주초청장을 받고 흥분하여 준비하던 중에 코비드가 터져서 눈물을 머금고 취소하게 되었으며, 2021년에는 세계 8곳의 난민캠프와 연결한 온라인 음악회를 주최했다. 2023년 4월에는 파독 광부 간호사 60주년을 맞이하여 위로의 음악회를 베를린돔에서 열게 되었다.

이렇게 되돌아보니 로드아일랜드 색소폰 4중주단의 연주를 보면서 막연히 가졌던 나의 꿈은 이미 이루어지고 있고 또 그 너머를 향하고 있는 것이 아닌가? 앞으로도 우리 앞에 벌어질 여정이 또 어떠한 모습으로 펼쳐질지 그 너머에 또 어떤 경험을 하게 될지 기대감으로 두근두근 두근두근…

🎧 And Beyond! - 대신 앙상블 그리고 대신 클라리넷 교실 (연주로 나누는 기쁨 또 가르침으로 나누는 행복)

악기를 배우고 나니 악기를 통해서 할 수 있는 일들이 늘어났다. 우리가 출석하는 교회에서 앙상블을 구성할 때 그 멤버로 합류하게 되었다. 바이올린, 비올라, 플루트, 클라리넷 1, 2, 베이스 클라리넷, 피아노 이렇게 구성된 앙상블로서 한 달에 한 번 정도 예배 시간에 특주를 하게 되었다. 처음 한동안 단상에 올라가면 무대 울렁증으로 고생했다. 무대 울렁증은 지금도 여전하다. 하지만 앙상블을 잘 만들어 특주를 하고 나면 얼마나 감사하고 또 행복한지 모른다.

대신 앙상블 활동을 한 지도 어느새 13년이 되어간다. 2018년 대신 앙상블 팀이 일본으로 선교 연주를 다녀왔던 일도 코로나 이전이어서 할 수 있었던 귀한 기억이다. 코비드로 교회 예배가 어렵게 되고 성가대도 하기 어려울 때 우리 앙상블이 매주 예배 반주를 하면서 그 시기를 잘 넘길 수 있었다. 앙상블 멤버들 간에도 서로 힘이 되고 위로가 되는 끈끈한 팀워크가 만들어져 가고 있다.

2018년 우리가 출석하는 교회 부목사님께서 교회에 문화교실을 열면 좋겠다고 하시면서 클라리넷 반을 만들어 보면 어떻겠냐는 제안을 하셨다. 그동안 우리가 참여하던 나눔 클라리넷 정기연주회도 매번 오셔서 보셨고, 또 지난 몇 년간 교회 앙상블로 예배 봉사를 하고 있었던 터라 기쁘게 하겠다고 말씀드렸다.

주일날 오후에 하는 문화교실 중 악기반은 플루트반과 클라리넷반을 열었는데, 클라리넷 반은 학생 2명과 10명의 성인 교인들이 함께했다. 모두 클라리넷을 처음 불어보는 분들이었는데 처음의 나처럼 악기 하나 배우고 싶은 마음이 있어도 여러 가지 사정으로 선뜻 시작하지 못했던 분들이 꽤 되셨다. 소리 내는 법, 도레미파 운지법

등부터 시작해서 함께 소리를 맞추고 파트를 이중주를 하고 하면서 즐거운 시간을 이어갔다.

　연말에는 우리끼리 작은 음악회도 열고, 외부 강사를 초대해서 특강도 하고… 코로나 사태가 심해져서 더 이상 레슨을 할 수 없을 때까지 약 2년 동안 내 연주만 하는 게 아니라 내가 배운 것을 흘려보낼 수 있는 기쁨을 맛볼 수 있었다. 이러한 일들은 내가 처음 악기를 하고 싶다는 꿈을 꾸었을 때는 상상도 하지 못했던 그 이상의 일이다. 앞으로 다가오는 내 삶 속에 내가 배운 악기를 통하여 더 많이 쓰임을 받을 수 있기를 기대해 본다.

'함께' 걸어가는 나눔 클라리넷 앙상블

●

김판서

체인지 UP

꽃집에서 시작한 연습

 나눔의 만남

매주 월요일이 되면 마음이 분주하다. 그렇다고 엄청 바쁜 것도 아닌데 벌써 시간이 6시를 넘어가고 있다. 마음이 급하다. 서둘러 악기를 챙기고 연습 중이던 악보도 챙기고 부지런히 악기 소품도 챙겨서 지하철에 오른다. 퇴근길에 사람들의 지친 모습이 보인다. 핸드폰을 보며 다음 약속이나 만남을 준비하는 사람도 눈에 보인다. 난 나눔 연습으로 급한 마음을 발걸음으로 재촉해본다.

나눔은 다른 앙상블의 연습과는 조금 차이가 있다. 악기연습도 중요하지만 나눔 식구들은 만남을 소중하게 생각한다. 새로운 식구가 오거나 앙상블 단원의 조그만 소식조차도 같이 공유한다. 가족 같은 분위기에는 늘 생각하지도 못한 따뜻함이 있다. 나눔의 만남을 생각하면 언제나 얼굴에 미소가 절로 지어진다.

나눔의 연습은 월요일 7시에 있다. 그 연습이 언제부터인가 나를 찾고 되돌아보는 시간이 되었고, 세상을 바라보게 한다.

사실 나에겐 연습이 그리 힘들지도 어렵지도 않다. 그러나 나는 알 수 없는 나눔만의 설명할 수 없는 매력에 붙잡혀있다.

일반 연주를 준비하는 과정은 곡을 정하고 그 곡에 맞게 파트를 정하고 인원을 배정하고 악보를 나눠준 다음 연주할 장소와 홍보 등을 준비한다. 곡에 따라 2회에서 3회 정도 연습하고 연주회를 한다. 연습이 적다고 해도 연주가 엉망이 되는 것은 아니다. 미리 악보를 받아 연습하고 음악적 요소만을 연습할 때 공유하고 정하며 연주를 한다. 어느 누구도 실수를 용납하지 않는다. 심지어 어려운 심포니곡도 새롭게 만들어진 곡도 문제가 되지 않는다. 늘 긴장이 연속되는 시간이 연주 때까지 진행된다.

나눔의 연주는 일반 연주와 다르게 인간적인 냄새가 난다. 연주회장을 대관하지 않아도 연습의 곡을 정하지 않아도 인원이 정해지지 않아도 나눔을 찾는 곳이 있으면 그곳이 어디든지 악기를 꺼내서 진심의 연주를 준비하고 연주한다. 처음에는 연습할 때에 실수가 많이 나오지만 반복된 연습과 서로 맞춰가는 앙상블, 부족하지만 옆에서 동료가 알려주고 파트장이 이끌어주는 연습 등은 나눔의 또 다른 매력이다.

특히 단원들의 열심은 어디에서도 볼 수가 없다. 이곳에서 악기를 배우고 기초연습과 앙상블 연습을 하고 실력을 길러서 전공을 하고 유학도 다녀와서 당당히 직업을 바꾸고 연주자의 길을 걷고 있는 단원도 있다. 멀리서 고속버스를 타고 연습에 참가하는 단원 등 나눔은 다른 곳에서 쉽게 만날 수 없는 매력이 있는 것 같다. 그래서 나는 이 연습이 기다려진다.

첫 만남과 첫 연주

요즘같이 코로나 시기에는 관악기가 연습하기에 매우 불편하다. 입으로 부는 악기라 마스크를 벗는 것이 매우 조심스럽다. 코로나로 인해 많은 인원이 같이 연습할 수 없어서 파트별 연습을 많이 한다. 그래도 매달 한 번은 모두 모여 합주 연습을 한다. 요즘은 산마루 공동체 알코올중독 치료 센터 건립을 위한 음악회를 위해 연습하는 중이다. 나눔의 따뜻한 마음이 이 연주회를 통해 잘 전해지기를 기도한다.

나눔의 첫 모임이 생각난다. 꽃집에서 만남을 가졌는데, 참석한 인원이 다 앉을 수 없어 한쪽으로 꽃들과 꽃병들을 옮기고 앙상블 연습 형태를 갖추고 앉았던 기억이 있다. 이 꽃집은 아는 지인이 앙상블 연습을 위해 빌려준 공간이었다. 겨울비 내리는 쓸쓸한 골목의 꽃집이지만, 가로등 옆으로 올라가는 계단에 풍기는 꽃향기가 나눔의 연습을 축복해 주는 것 같았다. 참석한 인원은 몇 명 안 되었지만 모두의 얼굴은 긴장된 모습이었다.

나눔의 연습은 지휘자의 지휘 아래 시작되었고 소리는 기대한 것 같이 나오지 않아 무척이나 실망스러웠으나 그래도 할 수 있다는 생각으로 합심하여 연습했던 그날의 기억이 아직도 생생하다. 다들 악기를 통해 새롭게 변화하는 모습을 보았고 혼자가 아닌 같이 연주함으로 합주만이 느낄 수 있는 매력적인 화음을 듣게 되었다. 한 곡한 곡 연습하고 맞춰져 가는 모습 속에 단원들은 하나가 되어갔다.

나눔의 첫 연주는 천안의 유구 은혜교회 초청연주였다. 희미한 기억으로는 100년이 더 된 지역의 유서 깊은 교회였고, 이 교회를 중심으로 지역사회가 모임을 갖는다고 했다. 3·1 만세운동도 이 지역에선 이곳을 중심으로 일어났다고 했다.

이 유서 깊은 교회에서 지역주민들을 위한 음악회가 나눔의 이름으로 하게 된 첫 연주였다. 첫 만남부터 첫 연주까지 정신이 없었지만, 초기 멤버들은 처음 시작하는 봉사 연주를 보다 의미 있는 연주로 만들고 싶어 했고, 이 연주를 시작으로 앞으로의 나눔의 연주들이 크나큰 밑바탕이 되길 원했다.

조그마한 교회는 단원들이 앉을 공간이 부족해서 일어서서 연주해야 했다. 단원들은 긴장을 많이 했지만 연습한 대로 정성스럽게 연주를 했다. 객석에서는 진지하고 따뜻한 박수로 단원들을 격려해 주어, 성공적으로 첫 연주를 마칠 수 있었다. 하지만 단원들의 개인적 실력 향상과 뜻을 같이할 단원들의 모집, 연습실의 문제 등 넘어야 할 산들은 너무 많고 높아 보였다. 그러나, 악기를 통해 진실된 나눔을 하겠다는 마음은 하나가 되는 듯 보였다.

🎧 나눔의 출발

나눔을 이끄는 지휘자는 나의 오랜 친구이자 같은 길을 걷는 동반자이다. 힘들고 어려울 때 힘이 되어주었고 항상 나의 손을 잡아주었다.

어느 날 오케스트라 연습을 끝내고 커피 한잔을 하고 있을 때 조용히 나눔에 대한 이야기를 꺼낸 것 같다. 감명 깊게 읽은 책이 있는데, 그 속에서 나의 소중한 것을 가지고 다른 사람을 위해 베풀 수 있는 게 무엇이 있을까, 그리고 우리 나이에 꼭 해야만 하는 일이 무엇이 있을까를 느꼈다. 지휘자가 내게 조심스럽게 물어봤고 자연스럽게 나눔이라는 앙상블을 생각하게 되었다. 같은 마음을 가진 단원을 찾는 게 가장 큰 숙제라고 생각했는데 자연스럽게 한 명 한 명 뜻을 같이하는 단원들이 생겼다. 연습실도 꽃집에서 악기 연습실로 이전했고 나눔의 연주를 듣고 다시 한번 와서 연주해 주길 바라는 곳도 생겼다.

진심으로 준비하며 연습하고 그분들을 위한 프로그램을 계획하고 연주했더니 한분 한분 진심을 알아주는 것 같았다. 연주회장에서 못 느끼던 관중의 따뜻한 미소와 진심 어린 박수가 우리를 나눔이라는 이름으로 다시 연주하게 했고, 나눔의 연주를 기다리는 분들

이 조금씩 생기기 시작했다. 단 한 명이라도 우리의 연주를 원하면,
그분을 위해 준비하고 그곳이 어디라도 가기로 한 우리가 아닌가!

체인지 UP

나눔에 모인 사람들

나눔에는 여러 사람이 모인다. 다양한 직업을 가지신 분이 이곳 나눔이라는 이름으로 모인다.

75세의 단장님은 변호사로 아직도 현역으로 활동하고 계신다. 단 장님은 악기에 대한 열정과 사랑이 넘치는 분이시다. 얼마 전 향상 발표회에선 모차르트 클라리넷협주곡 1악장을 연주하시기도 했다. 사실 말도 안 되는 얘기다. 아마추어가 연주하기에는 싶지 않은 곡 이기 때문이다. 매일 하루 1시간 이상 연습하고, 연습일지를 쓰는 등 열정이 넘치신다. 그리고 항상 앞에서 뒤에서 아버지같이 이끌어 주시며, 큰 기둥같이 나눔을 위해 늘 헌신적이신 분이시다. 모든 크고 작은 나눔 연주에 함께하셨고 언제나 주도적으로 나눔을 이끌고 계신다.

나눔의 가족 같은 분위기를 위해 모든 크고 작은 일에 함께하시는 부단장님이 계신다. 전 KBS 촬영 감독님인데 연주회의 촬영부터 기록, 녹음까지 나눔의 역사를 기록하고 있다.

　나눔의 식구들은 특이하게 모두 도전을 즐기시는 것 같다. 그리고 모든 일에 정열적으로 임하며 자기 일처럼 함께 고민하고 즐긴다. 처음에는 악기만 연주하러 나눔에 왔다가 나눔이라는 공통된 사명으로 하나둘씩 변하는 모습을 보면 늘 감동이다. 이게 뭐라고 악기를 붙들고 같이 눈물을 흘리고, 같이 고생하고, 같이 연주를 하며 많은 일을 함께한다.

　이곳에서 인생을 바꾼 단원들도 있다. 처음 만났을 때는 유치원 선생님이셨는데, 클라리넷 연주를 듣고 한번 해보고 싶다는 생각만으로 나를 찾아왔다. 오랜 상담을 했고 자연스럽게 나눔 앙상블에 대한 이야기를 나누었는데, 클라리넷 시작과 더불어 나눔 앙상블에 함께하게 되었다. 무척 열심히 하여 전공의 길로 진로를 바꾸고, 연습에 더욱 진심을 다했다. 부족한 배움의 뜻을 펼치고자 유학의 길에 올라 열정을 다했으며 돌아와서 프로연주자로 학교에서 아이들을 가르치는 선생님으로 음악 생활을 하고 있다. 나눔에는 이런 열정을 가지신 선생님들이 당연한 모습으로 있다.

　단원 중 한 분은 악기를 처음 접하고 여름 캠프에 참여하면서 이런 캠프는 처음이라며 무척 당황했던 모습을 본 적이 있다. 그냥 휴가차 쉬러 왔을 뿐인데 아침 새벽부터 롱톤 연습과 스타카토, 스케일 연습을 했고, 아침 먹고 조금 쉬나 했더니 개인 레슨과 파트 연습을 했고, 점심을 먹고 소화되기도 전에 반주 레슨과 합주 연습을 했고, 저녁 먹고는 자체 연주회를 통해 발표까지 하니 힘든 모양이었다. 이러한 열정에 모처럼의 휴가인데 쉬지도 못하고 더 고민만 하다 간다고 웃음을 짓는 모습을 보기도 했다.

부부가 같이 앙상블을 하시는 분들도 있다. 취미를 같이 즐기면서 봉사도 같이 하는 아주 이상적인 부부들이 있다. 악장의 자리에서 또 베이스 클라리넷으로 중요한 부분을 맡으신 부부가 계신다. 부부 앙상블도 따로 하시는데 모두가 부러워할 정도이다. 또, 학교 선생님 부부가 있고, 얼마 전에 입단한 막내 부부도 있다. 나눔 앙상블은 지방의 연주나 해외 연주를 갈 때 단원들의 배우자분들도 참석하시는데, 촬영으로, 통역으로, 안내 등으로 나눔 앙상블의 연주에 함께하신다.

나눔의 앙상블 연주를 늘 반주해주시는 선생님이 계신다. 악보의 편곡상 피아노 악보가 늘 부족한 부분이 많다. 하지만, 악보가 없어도 편곡이 안 된 악보도 피아노 선생님 손에 들어가면 마법처럼 앙상블과 반주를 맞춰주신다. 늘 부족한 실력을 감싸주시는 선생님이 안방마님처럼 계신다.

나눔에 모인 사람들을 위한 프로그램

　나눔에 모인 사람들은 나눔에서 준비한 여러 가지의 프로그램을 할 수 있다. 그중에 여름, 겨울 캠프가 있고, 개인 실력을 업그레이드하기 위한 향상음악회 같은 프로그램에 참여하게 된다.

　처음에는 전공자를 위한 캠프로, 향상음악회로 시작했으나 점차 나눔을 위한 캠프가 되었고 나눔 단원들을 위한 향상음악회가 되었다. 지휘자가 지정곡을 정해줘서 수준에 맞게 연습하고 연주하면 된다. 부족하다고 생각되는 파트는 파트장의 지도 아래 파트별 연습을 따로 하기도 한다. 개인적인 실력과 합주 실력을 늘리는 데 체계적인 프로그램으로 나눔 단원들은 발전하고 있다.

　나눔은 다른 앙상블과 다르게 선발대라는 팀이 있다. 나눔의 선발대는 먼저 나눔이 연주하는 장소에 가서 본대가 올 때까지 연주 준비를 한다.

　성공적인 연주 뒤에는 항상 선발대의 역할이 크다. 얼마 전 평창의 작은 마을의 연주회에서는 선발대가 가서 그 지역의 사람들과 같이 연주할 수 있는 프로그램을 연습하고 본대가 와서 같이 연주할 수 있도록 준비했다. 네팔 '천상의 음악회'에서도 일주일 먼저 출발한 선발대가 네팔 아이들과 노래 연습과 악기 연습을 같이 진행하기도 했다.

　이번 독일 연주에서도 선발대의 역할이 중요하다고 생각한다. 이

　　　　　　　　　　　　　　　　　　　　체인지 UP

모든 일에 나눔의 단원들은 훈련소에서 훈련받는 것같이 준비하고 준비한다. 어디에서 어떻게 연주의 만남을 만나게 될지 모르기 때문이다.

🎧 보고 싶은 나눔 식구들

나눔과 인연을 가지셨지만 지금은 여러 가지 사정으로 함께하지 못하시는 선생님들이 계시는데, 그래도 늘 함께하는 마음이다.

기억에 남는 선생님들 중에 초대 단장직을 맡아 수고해주신 선생님이 계신다. 여름, 겨울 캠프 모두 참석하시고, 연주회에 부족한 금액을 채우시려고 부단히 노력하던 모습이 생각난다. 음악 듣는 걸 무척이나 좋아하셔서 음악을 녹음해주시고 음악 감상실 같은 카페에서 같이 음악을 듣기도 했다. 지금도 나의 차 안과 핸드폰 안에는 단장님이 녹음해주신 음악이 있고 즐겨듣는다.

또 거쳐 가신 단원 중에 수학 선생님이 계셨는데 앙상블에 처음 찾을 때 손이 가늘어서 악기 구멍에 손가락이 들어가는 모습을 보고 매우 놀란 일도 있었다. 모든 일에 열성을 다하여 연습했고 단원 중에 처음으로 결혼식을 올린 단원이기도 했다. 또 레스토랑 체인을 경영하시는 선생님 덕분에 멋진 저녁 식사도 나눔의 연주 뒤 회식 모임도 걱정 없이 진행했다던가 네팔 연주, 후원의 밤 연주 등 중요한 자리를 마련할 수 있었다. 한의원 선생님은 개인적으로 안 좋은 목 디스크도 간단한 지압으로 해결해 주셨고, 멀리 평창 연주에서는 구경 오신 모든 어르신에게 침을 시술해주셨다. 치과 선생님도, 증권회사 은퇴하신 선생님도, 공무원 선생님도, 대기업 사장님도, 교수님도 나눔을 거쳐 가신 선생님들이다. 다 보고 싶다.

고길리 234-2의 추억

🎧 평창소풍 가는 길

나눔 클라리넷 앙상블은 정기연주로 매년 롯데콘서트홀, 세종문화회관, 예술의전당 등 우리나라에서 제일 좋은 홀에서 연주회를 갖는다. 정기연주회를 준비하기 위해 많은 시간을 연습에 매진하고 준비한다. 파트 연습과 특별연습 그리고 캠프까지 나눔 클라리넷 연주를 관람해주시는 팬들을 위해 최선의 준비를 한다. 이만큼 최선을 다해 준비하는 연주가 있다. 고길리 234-2길에 있는 평창 연주다.

매년 가을쯤에 평창에 연주를 간다. 이 연주는 평창에서도 더 깊은 산골짜기 길 끝 조그마한 마을 주민들을 위한 음악회이다. 롯데콘서트홀이나 예술의전당 등 크나큰 연주회장을 좋아하는 단원들도 있지만, 나눔 클라리넷 앙상블에게는 어느 곳보다 소중한 연주장소이기에 정기연주회 이상의 마음가짐을 갖는 곳이다. 이곳 연주는 음악을 통해 귀한 사랑이 전해지고, 우리 연주를 보시고 따뜻한 눈으로 우리를 바라봐주시고, 늘 사랑으로 저희를 안아주시는 귀한 연주 장소이기도 하다.

고길리 234-2, 그림 같은 이 마을은 시냇물이 옆에 흐르고 있고 산으로 둘러싸여 있는 아담한 곳이다. 길 옆으로는 옥수수와 고추 등 각종 농작물이 보인다. 공기는 맑고 하늘은 높은 것이 복잡한 서울을 떠나 마음이 편안해지는 기분이다. 세상의 모든 걱정과 근심을 다 내려놓아도 될 것 같은 평안한 마을이다.

처음 연주하러 갈 때, 고속도로를 나와 굽이굽이 차도 잘 안 다니는 길을 부지런히 달렸던 기억이 있다. '아 이제 조금 힘들다'라고 느낄 때 도로의 끝이 보였고, 이곳에 집이 있을까 하는 곳에 아담한 마을이 있었고, 그리고 그 마을 위에 작은 교회가 있었다. 푸른 산속에 나무들로 에워 싸인 이 교회에 빨간 기둥이 보이는데 거기에 은성교회라고 쓰여 있다.

벌써 이곳에서 우리는 10년 넘게 연주회를 갖고 있다. 코로나로 연주를 못 할 때는 방문만으로 이곳을 찾았다. 이곳은 나눔의 고향 집 같은 곳이다. 맨발로 뛰어나와 반겨주시던 할아버지 할머니가 있는 마음이 따뜻해지는 곳이기도 하다.

평창 연주는 단원들 전체가 움직이는 연주가 아니라 매번 걱정되기도 하지만, 연주를 도와주시는 선생님들도 많이 있다. 가야금 선생님, 플루트 선생님, 성악 선생님 등 프로그램의 성격에 따라 매번 함께해 주시는 선생님들께 감사를 드린다.

단원들은 자원해서 연주 인원을 꾸리는데, 연주 전날에 삼삼오오 인원을 나누고 평창으로 출발할 차량을 정한다. 연주에 필요한 물품들을 챙길 때 특별한 물건은 총무님이 미리 준비한다. 단원들은 소풍 가는 학생처럼 마음이 들떠있다. 이번 평창 연주에는 실수가 없도록 감독님이 계획을 설명해 주신다. 연주의 프로그램은 지휘자가 기획하지만, 그 이후 나눔의 활동은 많은 경험 있는 감독님이 해 주신다.

이번 연주에서는 나눔의 활동이 많다. 새벽부터 연습실에서 만나 필요 물품을 싣고 출발한다. 선발대로 감독님과 총무님이 함께 출발했다. 차 안에서 흐르는 음악이 가는 길 내내 영화의 한 장면처럼 지나가고 있다. 가는 길이 조금 멀어서 항상 쉬어가는 곳이 있다. 고속도로에 나와서 조금 국도를 달리다 보면 보이는 안흥찐빵 집이다. 이곳에서 재집결을 하고 잠시 휴식 후 찐빵을 한 아름 가슴에 안고 목적지로 출발한다. 가는 길이 더 풍성해진다.

아침에 일찍 출발했지만 가는 길이 만만치 않아 점심때쯤 도착한다. 맑은 공기가 산골로 들어왔음을 느끼게 해 준다. 아직 다 도착한 것이 아니지만 단원들 표정에서 편안함이 보인다. 단원들은 주차장 앞에 차를 세우고 짐을 푼다.

우리가 묵는 숙소는 교회 안에 있는 조그마한 다락방 같은 곳이다. 문밖으로 한눈에 보이는 주변 환경이 어느 별장 하나 부럽지 않다. 휴식도 잠시 마당 한 편에 있는 오두막에 모여 내일 있을 연주의 마지막 연습을 한다. 산속으로 울려 퍼지는 잔잔한 음악들이 메아리로 돌아온다. 아름답게 울리는 클라리넷 소리는 우리를 위해서, 아니 나를 위한 소리로 들린다. 우리는 우리 음악 속에서 편안함으로 평창 연주를 준비한다.

🎧 고길천로길 끝에서의 연주

밤새 내리는 비가 양철 지붕 위에 툭 툭 투두둑 소리를 내고, 창밖으로 빗줄기 몰아치는 소리가 밤잠을 뒤척이게 했다. 많은 준비를 하고 왔는데 걱정이 많아진다. 비가 계속 오면 안 되는데….

연주 때문에 일찍 눈이 떠졌다. 비는 그치고 창밖으로 보이는 안개가 산 중턱을 휘감고 있었다. 시냇가의 강물은 어제 비로 조금 불어 있었고 아침부터 연주 준비로 모두 분주한 모습이었다. 지역이 산골이고 작은 마을들이 떨어져 있어서 목사님이 봉고차로 연주회에 오실 분들을 부지런히 모시고 계셨다. 오시는 분들은 나이가 많으신 어르신들이 대부분이었다. 한분 한분 자리에 앉으셨고 나눔 단원들을 반겨 주셨다. 오늘의 연주는 지역주민을 위한 작은 음악회이고 작은 행사 또한 준비되어 있다.

체인지 UP

연주회 무대는 단원 열 명이 서도 좁은 자리였다. 예술의전당 조명과는 비교도 안 됐지만, 벽에 붙어 있는 작은 조명들은 어떠한 조명보다 화려했고, 롯데콘서트홀만큼의 울림은 아니지만 구석구석 소리가 잘 전달되는 곳이었다. 보면대를 펴고 악보를 준비하고 피아노와 튜닝도 하며 연주회를 준비했다.

처음에는 앉아 계신 주민들이 몇 분밖에 안 계셔서 걱정을 많이 했는데, 차츰 한분 한분 자리가 채워지더니 연주가 시작될 무렵에는 작은 교회 안이 나눔 단원들과 지역주민들로 꽉 채워졌다. 우리를 바라보는 눈들은 따뜻함이 묻어났고, 그들의 호흡과 탄성 소리는 어느 연주회장에서 보내주는 반응보다 뜨거워서, 연주에 몰입할 수 있게 하여 늘 따뜻함과 사랑이 넘치는 연주회가 되었다.

나눔은 개개인의 실력이 다소 부족하지만 하나의 소리를 만들 때는 어느 프로 연주단체보다 아름다운 소리를 낸다. 하나보다는 둘이, 둘보다는 셋이, 앙상블 인원이 늘어나면 늘어날수록 힘들어지는 것이 아니라, 더 하나로 더욱 단단하게 소리를 내는 매력이 있다.

나는 처음에는 우리의 연주가 이분들의 마음을 위로해주고 힘을 주고 늘 사랑을 전달한다고 생각했었는데, 연주를 거듭하고 하나하나 프로그램이 진행될수록 오히려 내가 더 사랑받고 있구나, 내가 힘을 받고 있구나 라는 생각이 더 커지고 있다. 세상에 힘들고 어려울 때 나의 길 끝에서의 연주가 항상 이곳에서 치유되고 있었던 것이 아닐까 생각해 본다. 무언가의 손길이 나를 붙잡고 위로해주고 있으며, 나를 감싸 안아주는 느낌은 매번 나를 고길천로길 끝으로 인도하고 있다.

🎧 나눔의 나눔 활동

나눔 클라리넷 단원 중에 한의원을 하시는 선생님이 계신다. 몇 년 전 우리는 이곳에서 일일 한의원을 열기로 했다. 연주회를 찾는 지역주민들 대부분이 나이가 많으셔서 한의사 선생님이 나눔을 준비해주시기로 했다. 지역주민들을 환영하는 시간을 갖고 진찰을 받을 수 있도록 준비했다. 단원들은 한의사 선생님을 주축으로 진찰을 돕고 한쪽에서는 한방 침 시술이 있었다.

산골의 마을에는 병원조차 가기 힘든 어르신분들이 많았고 오랜 지병이 있으신 분들도 있었다. 진료를 받고 싶으신 분들이 많아서 모두 일렬로 누워서 침술을 받기도 했다. 팔을 반쪽밖에 못 올리시는 할머니가 침술을 받으시고 두 팔 번쩍 드는 기적이 일어나기도 했다.

평창 연주는 보고 듣고 마음도 몸도 다 치료되는 시간이 되었다. 평소에도 나눔을 많이 해 주시지만 나눔 앙상블에서 클라리넷 2nd 파트를 맡고 계시는 전 KBS 촬영 감독님이 지역의 어르신들을 위해 장수 사진 나눔을 준비해주시기로 했다. 지역주민의 일상 모습을 평소에도 스냅 사진으로 찍어 주시지만, 이날은 장수 사진을 찍기 위해 반사막, 조명 등 촬영에 필요한 모든 것을 준비해 스튜디오를 만들어 주셨다. 어르신이 침술을 받고 나오면 감독님이 장수 사진을 찍어, 이후에 액자에 소중히 담아서 보내드렸다. 장수 사진을 찍은 어르신들의 밝은 미소가 사진 속에 있었다.

나눔의 보람은 나의 소중한 것을 나누는 데 있다. 거창한 나눔이 아닌 소소한 나눔에서 하나둘씩 시작하는 게 아닌가 생각해 본다.

최고의 자리에서 최선의 모습을

🎧 세종문화회관 연주

세종문화회관, 예술의전당, 롯데콘서트홀은 우리나라에서 가장 크고 가장 좋은 연주홀이다. 프로연주자들도 세종문화회관, 예술의전당, 롯데콘서트홀은 누구나 연주하고 싶어 하는 장소이다. 이 홀들은 대관 심사가 무척이나 까다롭기로 정평이 나 있다. 연주하고 싶어도 할 수 없고 돈이 있다고 해서 대관할 수 있는 곳이 아니다. 연주홀의 자존심이 있어 그 심사가 무척 까다롭다. 이곳의 대관은 1년 전에 해야 하고, 기획부터 연습 연주까지 치밀한 계획이 없으면 실패할 가능성이 큰 곳이기도 하다. 그리고 음악의 품격 또한 바로 평가되는 곳이기도 해서, 아마추어 단체가 이런 곳에서 연주할 기회를 잡는다는 것이 거의 하늘의 별 따기 수준이라 해도 과언이 아니다.

나눔은 큰 계획을 세워본다. 우리의 연주를 통해 많은 사람이 감동과 위로, 치유의 시간을 가질 수 있다면 최고의 자리에서 최선의 모습을 보여주자. 세종문화회관, 예술의전당, 롯데콘서트홀이 아닐지라도 세계 어디든지 우리의 음악이 필요하다는 곳에서, 우리의 음악이 세상을 변화시킬 수 있다면, 그들의 마음이 변화될 수 있다면, 기쁜 마음으로 악기를 매고 그곳으로 연주를 떠나야 한다고 비장한 계획을 세워본다.

　해야 할 일이 너무 많다. 먼저 실력을 길러야 한다. 단원들은 지금의 모습이 아닐지라도 제자리에 머물러서는 안 된다. 정체된 실력으로는 나눌 수 있는 한계가 있다. 아마추어 단체이지만 프로같이 연주해야 하며, 진정한 취미는 전공자 수준의 연주를 해야 하는 것이다. 그래서 최선의 마음으로 준비한 우리의 연주가 감동과 기쁨과 희망이 되어야 한다. 최선의 노력으로만이 최고의 연주를 할 수 있다.

　세종문화회관 연주는 그런 마음에서 준비하게 되었다. 단원들의 마음가짐은 네팔 연주를 다녀온 후에 더 뜨거웠다. 이번 연주는 다른 정기연주회보다 많은 시선이 집중되어 있었고, 특히 "인간극장"에 출연한 뒤에 다른 어떤 연주보다 관심이 더 많았다.

　단원들은 세종문화회관 연주를 위해 잠시 하던 일들을 모두 내려놓고 온전히 클라리넷 연주만을 위해, 비장한 각오로 고성 국회 연수원 강당에서 열린 2박 3일 캠프에 전원 참가했다. 아침에 기상과

동시에 강당에 모여 롱톤 연습, 스타카토 연습, 스케일 연습 등 기초적인 연습을 강행했고, 아침 식사 후 파트 연습과 부분 연습, 점심 식사 후에는 다 같이 합주 연습을 했다. 전공자도 힘들어할 일정이었다. 무리하고 힘든 연습이었지만 어느 누구도 불평하거나 낙오하지 않았다. 모든 연습 일정이 끝났을 때 이미 성공한 기분이었다.

매년 정기연주회에 사회를 봐주시는 고마우신 분이 계신다. 바로 이선영 아나운서다. 바쁘신데도 나눔의 일이라면 모든 스케줄을 접고 나눔 연주에 진정한 나눔을 해 주고 계신다.

이날은 무척이나 더웠다. 객석은 빈자리가 보이지 않을 정도로 꽉 차 있었다. 조금이라도 실수하면 불쾌지수가 높아 이번 연주가 실패할 수도 있었다. 다행히 단원들의 긴장된 모습은 보이지 않았다. 아마도 이를 위해 많은 준비를 했기 때문이라 생각한다.

연주회를 시작하기 전에 나눔의 소개 영상이 먼저 방영된다. 단장님의 인사말도 영상으로 진행된다. 영상이 꺼지면 자연스럽게 연주회가 시작된다. 연주가 진행될수록 관중들과 하나가 되어갔다. 이번 연주회의 특징은 합창단이 함께하는 것이었다. 프로그램 맨 마지막 부분에 조이어스 합창단의 애국가 합창이 있는데, 이를 지도해 주시는 분이 지휘자의 사모님이다. 사모님의 역할이 이번 연주에 가장 중요한 부분을 차지하고 있었다. 아리랑이 펼쳐지고 나중에 애국가가 울려 퍼질 때에는 모든 관중이 일어나서 같이 동참해 애국가를 부르고 있었다. 해군 의장대의 태극기를 들고 입장하는 모습은 이 연주의 하이라이트를 만들었다.

모든 연주가 끝났는데도 박수가 계속 이어졌다. 아직도 감동의 여운이 남아 있다. 세종문화회관에서의 연주는 또 한 번 나눔이 발전하는 계기가 되었다.

🎧 예술의전당

나눔은 예술의전당에서 공연하는 기회를 얻었다. 그것도 두 번이나…. 연주를 예술의전당에서 하는 것도 중요하지만 그만큼 나눔의 앙상블을 많은 사람이 알아주고 음악을 기억해주고 우리가 기쁨과 희망을 전하는 단체임을 인정받는 기분이었다. 특히나 두 번째 공연은 코로나 시즌이어서 이 공연을 해야 하나 하는 고민이 너무 많았다. 사회적 분위기상 많은 연주회의 취소 등 공공장소에 사람이 모이는 일 자체가 위험했던 시기였다. 음악회를 준비할 때는 연습조차 모이기 힘들어서 파트 연습만이 가능했고 연습실은 완벽한 방역을 위해 지휘자가 무던히도 애썼던 기억이 있다.

우리 연주는 CGN 방송과 함께 전 세계로 당일 생중계해 지구촌 가족 어려운 이들에게 위로와 희망을 전해주는 연주회로 기획하게 되었다. 코로나로 직접 연주회장을 찾아오기 힘들어지면 방송으로, 유튜브로 방영할 수 있도록 연주를 준비했다. 감사하게도 연주 날에는 관중들이 입장해서 하나 건너 앉을 수 있었을 만큼 코로나가 진정세에 있었으며 연주 프로그램은 지구촌 난민들을 위해 코로나로 지쳐있는 전 세계 사람들을 위해 위로와 치유의 음악회로 준비하게 되었다.

이 연주를 준비하고 도움의 손길을 주신 분들은 나눔 앙상블을 통해 전 세계에 나눔을 같이 하고 싶어 했다. 나눔 앙상블은 남아프리카 공화국 연주를 갔을 때 인연을 맺은 김영애 선교사님께 코로나로 힘든 흑인 거주 지역에 식량 나눔을 할 수 있도록 도움을 주기도 했다. 코로나로 약탈과 방화 등의 위험이 있는 지역에서 선교 활동을 하시는 선교사님이 안전하게 건강하게 활동을 했으면 하는 바람이다. 다시 한번 음악이 사람들의 마음을 움직이는 선한 영향력을 나타내고 어려운 시기에 힘이 될 수 있으며 외로운 시기에 위로함을 주며 다시 꿈과 희망을 전해줄 수 있다는 확신을 가질 수 있었다.

롯데콘서트홀

지휘자는 항상 최선을 다한다. 물론 어느 지휘자가 그 단체를 위해 최선을 다하지 않겠는가. 특히 유별난(?) 우리 지휘자는 이번 롯데콘서트홀에서 나눔 연주를 찾아주는 모든 분을 위해 다양한 프로그램을 준비했다. 세계적인 아티스트 마이클 볼프(베를린 국립 음악대학교 교수) 베이스 주자와 알렉스 볼르코프(모스크바 심포니 오케스트라 수석) 트럼펫 주자 그리고 연합합창단 조이어스, 온누리, 아마쿠스, 위데스,

인천 주은혜 등 거의 250여 명의 합창단이 참가하는 거대한 음악회를 준비하게 했다.

롯데콘서트홀은 거대한 연주홀답게 앙상블 팀도 대폭 인원을 늘렸다. 제자들과 지인들 평소에 나눔 앙상블에 관심이 있거나 참여하기 원하는 객원 단원들을 포함하여 60여 명이 함께 연주했으며, 연주를 도와주는 촬영팀, 진행팀 등 스태프들을 준비시켜 연주에 차질이 없도록 준비했다.

지휘자는 합창 연습과 앙상블 연습, 협연 연습 연주회 준비 등 정신없이 바빴고, 결국 연주를 앞두고 병원에 입원하는 사태까지 벌어졌다. 연주 전 며칠 동안은 계속 링겔을 맞아가며 연주를 준비했고 연주 후에도 쓰러져서 병원으로 향하는 일이 벌어졌다. 병원에 실려 갈 정도로 최선을 다했던 만큼 롯데콘서트홀 연주는 소중했다.

롯데콘서트홀 연주는 나눔에 큰 의미를 갖게 했고 진심을 전하는 진정한 연주단체로 자리매김했다고 생각한다. 국도 길 끝의 10명도 설 수 없는 무대의 평창 연주에서부터 총 출연진이 300여 명이 넘는 롯데콘서트홀까지 나눔은 장소를 가리지 않고 진정 있고 소중한 연주를 하고 있다.

한때 심포니를 하면서 오케스트라에서 연주할 때만 내가 연주자인 줄 착각할 때가 있었다. 세종문화회관에서 롯데콘서트홀에서 협연할 때도 그럴 줄 알고 있었다. 참 어리석은 마음이 아닌가 하는 생각이 든다. 나눔은 나를 변화시키고 진정한 음악과 소중한 음악이 무엇인지를 연주를 통해 알게 했다. 화려한 음악과 아름다운 음악에도 감동이 있지만, 진심으로 전해지는 나눔의 연주에는 기쁨과 희망이 있다.

세상에서 가장 높은 연주홀

🎧 꿈의 히말라야

  나눔 연습을 끝내고 집으로 돌아가기 전에 간단하게 커피 한잔하기로 했다. 엄청 분위기가 좋은 카페에서 먹음직스러운 빵과 커피를 마시며 이런저런 얘기를 하면서 우연히 몇 가지 질문을 했다. 감독님 전 세계 여러 곳을 다 촬영해 보았겠어요. 혹시 가장 감명 깊었던 곳이 어디인가요? 주저 없이 포카라라고 말씀해주신다.

  오… 포카라, 여기가 어디 있는가…. 무지한 나로서는 포카리 스웨트 음료수만 알지 포카라는 몰랐다. 감독님 말씀은 포카라는 안나푸르나를 가기 위해 준비하는 도시인데 도시 중앙에 호수가 있고 그 호수 가운데에 호텔이 있다고 하셨다. 이곳을 아침에 나오면 호수 위로 펼쳐진 물안개가 이 지역을 감싸고 있고 이 위로 배를 타고 지나갈 때 물안개가 걷히고 히말라야산맥이 그림처럼 호수 안에 그려지는데 그 모습은 정말 장관이라 말씀하셨다. 꼭 나도 한번 보고 싶은 생각이 들었다. 나처럼 이런 마음들은 서서히 단원들 마음속에 자라기 시작했고 이곳에 우리의 연주를 통해 꿈을 찾을 학생들을 생각하게 되었다.

히말라야 천상의 연주회는 한 번에 준비한 것은 아니다. 어느 연주를 준비하듯 네팔 천상의 음악회 또한 준비하는 데 어려움이 많았다. 처음 준비할 때는 순조롭게 진행되는 듯했지만 무산되었다. 경제적인 지원과 시간의 부재, 준비 기간이 너무 짧아서 부족한 부분이 너무 많았다.

다시 준비할 때까지 4년이라는 시간이 걸렸다. 이 시간 단원들은 더 단단해졌고 어느 장소이건 연주를 할 수 있는 마음과 자세로 변하고 있었다. 단원들은 힘든 과정에서 마음을 합했고 실패의 경험으로 준비 또한 철저하게 하게 되었다.

히말라야 연주는 엄홍길 재단에서 진행하는 학교 짓는 행사에 13번째 준공식 축하 연주로 초대되어 간 것이었다. 이곳은 히말라야 산중 5번째로 높은 마칼루 지역이고 마칼루 국립공원 안 세두아에 지어지는 학교이다. 세두아까지 가는 길은 험했고 그냥 만만하게 볼 곳은 아니었다.

나눔은 마칼루 아이들과 함께 음악회를 준비하기 위해 선발대를 먼저 보내기로 했다. 처음 준비부터 난관에 부닥쳤다. 이곳은 음악

체인지 UP

이라고는 수업을 해본 적이 없다고 했다. 가서 아이들과 수업을 진행하고 같이 연주회도 해야 하는데 음악 수업을 받아 본 적이 없다니 난감하다.

음악 이론 수업부터 어떻게 아이들을 지도할지 그리고 어떻게 우리와 같이 연주해야 할지 고민이 되었다. 일단 음악 이론과 음악을 전반적으로 가르쳐 줄 선생님이 필요했고 이를 같이 반주해 주실 선생님 그리고 모든 일을 총괄해 주실 선생님이 필요했다.

지휘자와 깊은 상의가 며칠 동안 이어졌고 선발대에 최아영 선생님, 유미영 피아노 선생님, 그리고 총괄 임상종 선생님이 선발되었다. 천상의 음악회 성공을 위해 단원들은 모두 이에 필요한 것들을 준비했고, 악기로는 하모니카, 멜로디언 등을 준비하게 되었다. 이론을 위해 매직과 스케치북, 타악기, 소품 등 준비할 물건이 많았다. 이 모든 준비를 주변의 손길 덕분에 할 수 있었다. 네팔 아이들을 위해 이런 음악을 가르치고 같이 연주한다고 하니 도움의 손길들이 우리를 도와주었다. 나 혼자가 아닌 같이 나눔을 하고 있었다. 너무 너무 감사드리고 감사드린다.

마칼루 가는 길

인천공항에 나눔의 단원들이 모여 짐을 부치고 기념사진도 한 장 찍고 설레는 마음으로 네팔행 비행기에 올랐다. 시간이 흐를수록 설레는 마음과 함께 염려 또한 한가득이었다.

선발대로부터는 힘든 여정의 시간이 계속되고 있다고 연락이 오고 있었다. "나눔의 첫 해외 연주이나, 연주도 연주이지만 산행길이 너무 험하다 하니 낙오자 없이 단원 모두 무사히 다시 돌아와야 할 텐데……."

카트만두에 도착했을 때는 공항의 많은 인파로 힘들었지만 호텔로 이동하는 데 별문제는 없었다. 다음 날 아침 다시 툰밍타르로 가기 위해 비행장에 왔는데 그쪽 날씨 때문에 제시간에 출발하지 못하고 대기하라고 연락이 왔다. 1시간, 2시간 계속 시간이 간다. 점심시간을 넘기고 있었다. 오늘 출발하지 못하면 일정에 차질이 생기는데……. 하늘길은 열리지 않아 계속 기다릴 수밖에 없었고 그곳에서 대기하는 나눔 단원들은 앞으로의 여정이 만만치 않음을 느꼈다.

갑자기 출발이라는 연락을 받고 비행기에 오르는데, 프로펠러 경비행기를 보니 이게 험한 히말라야산을 넘을 수 있을까 걱정이 되기도 했다. 프로펠러는 힘차게 돌았고 그 옆 창밖으로는 히말라야 명산들이 계속 이어져 있었으며 비행기 안에서는 감탄의 소리가 가득했다. 잠시 하늘과 하얀 히말라야산 위의 모습들이 가슴속으로 강렬한 그림이 되어버렸다. 너무 아름답다.

비행장에 내려 늦은 점심을 하고, 각기 조를 나눠 지프를 타고 눔(중간 임시 숙소)을 향하여 출발했다. 처음엔 이제 거의 다 왔다고 생각했다. 잘못된 생각이었다. 자동차는 비포장도로와 포장도로를 오가고, 절벽과 낭떠러지 등을 번갈아 지났으며, 약간 차멀미를 느껴 고

개를 숙였는데 의자 밑으로 피 묻은 시트가 보였다. 으악, 낭떠러지에서 떨어지는 거 아냐……. 갑작스러운 공포에 아름다운 경치는 보이지 않고 정신 차리자, 라고 계속 혼잣말을 하게 되었다.

해가 지도록 도착하지 못한 채 긴 시간을 달리고 달려서 어둠 속 눔에 도착했다. 저녁에 바라본 눔은 어렸을 때 우리 집 앞의 가로등을 보는 것같이 허술해 보였다. 길가엔 개들이 돌아다니고 하늘 위로 별들은 보이지 않았지만 공기만은 너무 상쾌했다. 허술한 판자로 칸을 나눈 방을 배정받았고, 다들 피곤해 보였지만 그래도 여기까지 왔다고 서로 위안의 눈빛을 보냈다. 긴 하루가 지나가고 있었다.

🎧 천상의 음악회

아직 세두아에 도착하려면 8시간 정도 산행을 해야 한다. 이제 한 걸음씩 앞으로 가야만 한다.

시작할 때는 한국에서 그냥 산행길을 가는 것같이 편안했다. 조금씩 시간이 지나고 마을이 안 보이고 산길이 험해지면서 힘들어지기 시작했다. 가끔 지나가는 나귀들의 행렬을 보면서 등에 진 짐들이 아슬아슬하게 보였다. 계곡을 지나고 출렁다리를 넘으면서 시간이 촉박하다고 느꼈다. 이날 3시에 음악회를 계획했는데 일단 리허설도 해야 하고, 무대 점검도 해야 하고, 연주복으로 갈아입어야 하고……. 도착해서 연주 전에도 해야 할 일이 많은데 아직 가려면 멀었다.

나눔의 단원들은 히말라야 산행을 준비하기 위해 나름대로 준비를 많이 했다. 우면산, 인왕산, 도봉산, 북한산 등 삼삼오오 짝을 지어 시간이 될 때마다 조금씩 산행을 준비했다. 단장님은 단원들에게 피해를 주지 않으시려고 개인적인 산행 연습과 체력 보강 연습 등으로 천상의 음악회를 준비하셨다. 하지만, 문제는 이제부터 가파른 데다 내리막이 없는 오르막길을 계속 가야만 했고, 시간 내에 도착해야 하는 압박감 때문에 육체적 피로 못지않게 정신적 피로도 너무 힘들었다. 마음이 무겁다. 다리에 힘이 없는데 빨리 가야 한다고 마음속으로 재촉을 한다.

　마침내 세두아에 도착하여 늦은 점심을 그야말로 게눈 감추듯 먹고, 바로 학교 앞 행사장으로 향했다. 무대는 우리가 올라가서 할 만큼의 크기가 아니어서 무대 배치와 자리 배치를 다시 했고, 시간이 여의치 않아 리허설은 힘들게 되었다. 정신 차려야 된다. 수많은 연주를 해보았지만 8시간의 산행 후 바로 연주는 처음이라 걱정이 많이 된다.

　하나둘씩 순서가 지나간다. 어느 연주보다 야외연주임에도 불구하고 몰입도와 긴장의 모습이 세두아 주민들과 학생들 하나둘씩 연주회에 하나가 되어간다. 아이들의 합창 나의 살던 고향은 꽃피는 산골… 한 음절씩 진심 어린 노래가 내 마음을 휘감고 간다. 네팔 민요가 연주되면서 관중들은 흥을 감추지 못하고 다 나와 춤을 추고 축제의 한마당이 계속되었다.

　연주가 끝나고 많은 사람의 박수와 환호 속에 조용히 악기와 악보를 정리하고 있는데, 조용히 나의 눈에서 눈물이 흐른다. 이들의 마음에 희망과 꿈을 심어주기보다 내 마음에 꿈이 자라고 있음을 바라보게 되었다. 처음 나눔을 시작할 때 오만과 편견이 나를 괴롭힐 때가 있었는데 시간이 지날수록 나를 더 바로 세워지는 모습을 보며 부끄러운 적이 한두 번이 아니었다.

🎧 포카라

　마칼루에서의 연주를 성공적으로 끝내고 포카라에서 휴식을 취하면서 포카라에 와있는 관광객을 위한 음악회를 준비했다. 포카라는 세상에서 가장 아름답다고 감독님이 말씀하셔서 기대가 무척이나 컸다.

　포카라는 안나푸르나를 오르기 위해 준비하는 전 세계의 산악인들과 안나푸르나를 다녀온 산악인들이 모이는 곳이었다. 시내는 준비하는 산악인들로 가득했고 우리가 공연하는 장소에는 휴식을 갖는 산악인들이 많이 있었다. 무대는 좁고 마이크 시설이 좋지 않았지만, 우리의 음악을 전달하는 데는 문제가 없었다. 한 곡 한 곡 진심의 연주가 전해졌고 감동 어린 격려와 박수 소리에 우리의 연주에는 더욱 힘이 실렸다. 남편을 먼저 보내고 안나푸르나에 오르며 마음의 위로를 받으려고 이곳에 왔다는 독일 분은 우리의 연주를 들고 진심으로 위로가 되었다며 눈물을 흘리셨다.

    감독님이 말씀하신 대로 물안개가 호수를 뒤덮고, 그 위로 일출이 더해지는 포카라의 아침은 그야말로 장관이었다. 호수 주변으로 김은선 선생님의 플루트 연주가 이 분위기를 더해주었으며, 주변이 온통 빨갛게 새겨지는 히말라야 봉우리들의 모습은 너무 신비로워 경탄을 자아냈다.

    마침, 이날은 단장님의 칠순 잔치와 노신애 단원의 성년식 생일이 있던 날이었다. 같은 날 48년의 세월이 나눔 안에 하나가 되어 있었다. 단장님을 보면서 부족한 나의 모습을 보게 되었고 노신애 단원을 보면서 조금이라도 일찍 시작할 걸 그랬다는 생각도 해보게 된다. 단장님은 나눔의 모델이 되시고 자랑이 되어 주신다. 지금도 어디서나 모범이 되어주시고 손수 모든 일에 적극적으로 활동하고 계신다.

    오늘 아침은 일찍이 산행을 해야 한다. 사랑곳이라고 포카라에서 안나푸르나를 바라볼 수 있고 포카라 시내를 한 눈으로 볼 수 있는 전망 좋은 마을을 가야 한다. 새벽에 움직이는 버스는 부지런히 사랑곳으로 향했다. 주차장에는 벌써 많은 차들이 도착해 있었고 일출까지 남은 시간이 얼마 없기에 빠른 걸음으로 사랑곳 정상까지 움직였다. 가는 길은 어렸을 때 우리 집으로 가는 골목길같이 복잡했고, 아침 일찍부터 몰려오는 수많은 관광객을 위해 일출을 볼 수 있는 카페와 상점들은 벌써 문을 열고 손님을 기다리고 있었다.

정상에 왔을 때는 일출이 일어나기 전에 뿌연 안개 때문에 주변을 멀리 볼 수 없었다. 조용히 악기를 꺼내본다. 사랑곶에서의 마지막 연주를 준비한다. 단원들 전체가 연주하는 것이 아니고 각 파트에 한 명씩 잔잔하게 나눔의 연주를 갖자고 했다. 갑작스러운 결정은 준비를 하기에 버거웠지만 그래도 이곳에서 진심의 고백을 하고 싶었다.

조금씩 주변이 밝아진다. 사람들도 사랑곶에 많이 올라와 있었다. 연주는 하나의 소리를 내기 위해 서로의 모습을 보면서 준비를 하고 있었고 악기 위 손길은 히말라야를 향해 있었다. 차분히 소리를 내었다. 시작한 지 얼마 되지 않았는데 눈물이 흘러내린다. 어떻게 끝을 냈는지 기억이 없다. 하지만 이 연주는 내 마음을 고백하고 있었다. 주변 사람들의 큰 박수와 격려의 손길이 우리를 감싸주었고 처음 듣는다는 중국 관광객은 사진과 포옹으로 위로해주었다. 따뜻함이 나를 안아주고 있다. 나를 모르는 사람들이 감동의 눈물을 같이 흘려주고 있다. 이들을 위로해 주고 희망을 주며 꿈을 전하겠다고 네팔연주회에 왔는데 네팔에서의 모든 연주로 인해 내가 위로받고 희망과 꿈을 다시 세우는 시간이 되었다.

남아프리카 공화국을 울린 연주

🎧 어디를 가자고요?

　나눔 지휘자에게서 연락이 왔다. 흥분한 목소리로 남아프리카 공화국에 연주를 가자고 한다. 무슨 소리냐고 되물었다. 자세한 얘기는 만나서 하자며 궁금증을 더 유발시켰다. 남아프리카 공화국은 몇 년 전 월드컵을 개최했던 곳이 아닌가, 아프리카에서도 최고 남쪽에 있는 나라를? 나눔은 세상 끝까지 우리를 원한다면 가서 연주를 하자고 한 얘기가 실제로 일어나고 있다. 처음에 웃으면서 지휘자와 그저 농담으로 했던 얘기가 현실로 다가오고 있었다. 가슴이 뛴다. 숨이 벅차오른다.

　단원 중에 한 분이 은퇴자금으로 아프리카에 유치원을 지었다고 했다. 그곳에 개원 연주를 나눔이 하기로 했다는 것이다. 은퇴자금을 나를 위해서가 아닌 그것도 아프리카에……. 머리에 무엇으로 한

대 맞은 듯했다. 진정한 나눔은 무엇인가……. 나를 되돌아본다. 나의 나눔의 연주가 그들을 살리고 있었나? 희망과 꿈을 나누고 있었나? 혹, 나의 나눔이 말뿐인 게 아닌가 조심스럽게 나를 바라보게 한다.

처음 지휘자하고 나눔 앙상블을 창단할 때의 그 마음들을 다시 마음속 깊이 새겨본다. 나를 나누는 사람들…… 수많은 연주를 준비해왔지만 이렇게 마음이 들떠서 가슴이 벅차오르는 준비는 한 번도 없었던 거 같다. 또다시 나에게 이런 귀한 나눔의 자리에 동참할 수 있는 기회가 주어짐에 감사드린다. 자연스럽게 당연히 가야 한다고 했다.

얼마 전에 '울지마 톤즈'라는 이태석 신부님의 영화를 본 적이 있다. 진심으로 사랑하고, 가르치고, 치료하고… 그리고 악기를 통해서 변화되는 사람들……. 내가 이태석 신부님 같은 삶은 살 수 없을지라도, 우리의 음악이 이들 마음속에 조금이나마 행복과 꿈을 전해줄 수 있다면 세상의 끝이라도 기꺼이 가야 한다고 다짐을 한 적이 있다. 그래서일까 그들을 직접 만나보고 싶었다.

남아공 연주 준비는 히말라야 연주를 경험해서인지 조금은 더 순조로웠다. 그리고 우리의 나눔 연주가 "인간극장"에 출연하여 활동한 모습이 있어 따로 설명을 안 드려도 기꺼이 나눔에 동참해주셨다.

🎧 남아공에도 전해진 진실된 음악

남아공연주는 조지대학교 초청연주, 아프리카 마을초청연주, 한인 음악회, 유치원 개원 연주 등 바쁜 스케줄로 이루어졌다. 조지대학교 초청연주는 바다가 내려다보이는 곳에 위치해 있었고 강의실 같은 곳 학생들로 가득 찬 자리에서 이루어졌다. 아프리카에서의 첫 연주여서일까, 단원 모두 긴장한 듯 보였다. 더욱이 우리를 바라보는 까만 피부 속의 하얀 눈빛은 일반 연주회장의 분위기와는 전혀 다른 느낌이어서 더욱 긴장감을 더했다.

떨리는 마음이었지만 첫소리에 마음을 하나로 모아 연주에 집중했다. 멀리서 조그마한 나라 한국에서 그것도 클라리넷으로만 이루어진 팀이 연주하는 것이 신기하게 보이는 듯했다. 하지만 순서마다 감동의 연주가 이어졌고 우리의 연주에 김영애 선교사님은 조용히 눈물을 흘리고 계셨다. 연주가 끝나자 모든 사람이 다 나와서 악수해주고 우리를 안아주는 감동의 시간이 이어졌다.

남아프리카 공화국 흑인 마을 연주는 마을 입구에 들어가는 것부터 문제였다. 이곳은 우리가 가고 싶다고 무작정 들어갈 수 있는 곳이 아니었다. 마을 입구부터 치안 문제로 신속히 단체로 움직여야지 따로 떨어지면 안 된다고 했다. 주변의 환경은 60~70년대 우리 시골 마을을 연상하게 했으며, 비포장도로를 덜컹거리면서 마을 안으로 들어갔다. 긴장감에 정신이 없었지만 빠른 준비로 리허설도 없이

체인지 UP

바로 연주를 시작했다. 다행히 우리보다 더 흥이 많은 관중의 호응으로 큰 박수를 받으며 순조롭게 모든 순서가 진행되었다. 열정적인 이들은 모든 음악에 반응을 해주셨다. 치안이 불안하다 하여 걱정을 많이 했는데 무사히 연주를 마칠 수 있어서 다행이었다.

한인음악회에서는 교민들을 위한 연주를 준비했다. 연주를 마치고 교민들은 우리를 위해 파티를 준비해주셨다. 아프리카에서 먹는 첫 한식이라 너무 감사했다. 음식마다 정성이 가득했고, 맛 또한 훌륭했으며 한분 한분 웃는 얼굴에 감사했다.

유치원 개원 연주에서는 마을 사람들이 모두 참석한 것같이 많이 모였다. 유치원 모든 시설은 하나하나 정성이 가득하고 부분부분 신경을 많이 쓴 모습이 보였다. 마을 주민들이 감사와 축하 공연을 같이해 주셨고 공연은 나눔 앙상블의 연주보다 더 재미있고 인상적이었으며, 아이들은 너무 해맑게 환한 웃음과 이쁘고 작은 손을 흔들며 화답해 주었다.

남아프리카의 연주에서는 아이들의 뛰노는 모습이 진한 감동의 시간으로 머릿속에 계속 남아 있다. 나눔의 연주는 세상 어디에도 없는 연주를 하고 있다. 세상에 없는 진실된 소리를 클라리넷을 통해 아프리카에까지 전하고 있다. 나눔은 잘하는 연주를 하는 것이 아니다. 진심을 전하고 있다.

🎧 나를 바라본다

비행기를 20시간 넘게 타고 온 이곳 남아프리카 공화국, 희망봉 앞에서 나를 바라본다. 인도양과 대서양이 만나는 아프리카 최남단의 희망봉에서 잠시 나를 바라보는 시간을 갖는다. 대서양 쪽은 심한 파도가 있지만, 신기하게 인도양 쪽으론 파도가 잔잔하다. 한 바다인데 어디에 서 있느냐에 따라, 어디를 보느냐에 따라, 파도치는 모습을 아니면 잔잔한 모습을 보게 된다.

수많은 연주회장에서 연주를 하면서 항상 2% 부족한 모습에 안타까움이 많았음을 고백해본다. 하지만 봉사 연주와 찾아가는 연주 그리고 의미 있는 연주를 하면서 그들과 함께 울고 웃고 즐기며 감사해한다. 허전한 나의 마음 깊은 곳에 하나둘씩 따스함이 자라고 있다. 나는 나눔 앙상블을 통해 하나둘씩 변해가는 나의 모습을 바라본다.

체인지 UP

나와 클라리넷의 앙상블

🎧 클라리넷에 매료되다

무척이나 날씨가 덥다. 연일 장맛비가 내리고 있다. 창밖으로 내리는 비가 이 더위를 시원하게 해주고 있다. 내 옆에는 아이스 아메리카노가 내 마음까지도 시원하게 해주고 있다. 잔잔히 들리는 음악이 방 안 한구석을 메우고 있다.

요즘은 코로나로 인하여 혼자 있는 시간이 많아졌다. 그리고 나를 돌아보는 시간 또한 많아졌다. 답답한 마음에 친구 같은 클라리넷을 꺼내본다. 내 마음을 시원하게 채우는 클라리넷……. 이놈은 사춘기 때 알았는데 아직 내 옆에서 나와 함께하고 있다.

고등학교에 입학하면서 늦게 찾아온 사춘기가 나를 무기력하게 했다. 늘 야자와 0교시 수업은 앞으로의 미래를 생각하는 시간에서 도피하는 시간으로, 선생님의 말씀은 반감 행동으로 보내곤 했다.

등굣길은 지옥의 길에 가는 거 같았고 하굣길은 또 다른 지옥으로 가는 거 같았다. 나에게 유일한 돌파구인 마이마이에서 나오는 가요와 팝송을 들으며 내 마음을 위로하고 안정시켰다.

그런 세월이 지나가던 어느 날 학교 관악부의 연주가 있었다. 그 연주가 지금의 나의 길로 안내했다. 관악부의 자유로운 악기 소리는 얽매이던 내 삶에 자유를 안겨준 거 같았다. 아침에 듣던 가요나 팝송은 저녁에 내가 연습하고 놀던 자료가 되었고 혼자에서 둘로 혹은 합주로 나의 자유를 만들어가곤 했다. 그날들은 무척 행복했고 그 순간들이 평생 나와 함께하면 행복하겠다고 생각했다. 그때의 내 클라리넷은 나를 유럽의 한 도시 골목으로 아프리카의 초원으로 인도했다. 환상으로 그려지는 그림들은 하루하루가 행복한 날로 바뀌고 있었다.

그러다 우연히 채일희 교수님의 독주회를 보면서 클라리넷의 매력에 완전히 매료되었다. 이게 나와 함께 가야 하는 길이구나 생각했다. 하지만 즐기는 취미에서 직업적 전공으로의 변경은 어두운 터널을 지나는 것 같았고 재능이 없는 나에게 실망과 좌절의 시간이기도 했다. 처음에 나를 지켜주고 그 험한 시간을 버티게 해 준 나의 친구인데 그 첫사랑의 시간들을 기억하지 못할 때도 많았다.

체인지 UP

　너무 오랜 시간이 지난 것 같다. 현실로서의 삶을 살기 위한 수단으로 악기 선생님으로, 앙상블, 오케스트라 지휘자로 바쁘게 찾아가는 음악회 연주, 전국 소년원연주, 대안학교 연주, 요양원 연주 등 닥치는 대로 연주를 한 그 수많은 시간 동안 현실과 타협하며 행복한 나날을 잊고 지쳐가고 있었다.

　그러던 어느 날 나의 연주를 더 소중하게 여기게 된 한 계기가 있었다. 오케스트라 연주로 멀리 찾아가는 연주였는데 이 연주는 다시 나를 뒤돌아보게 했고 나눔을 생각하게 된 계기가 되었다. 이 연주는 시간이 촉박해서 리허설을 할 수 없었는데 더 놀라운 것은 연주장소와 객석이 따로 구분이 없었으며 둘러싸인 건물 사이에서 연주해야 하는 아주 독특한 공연이었다.

　조용히 악기를 꺼내고 보면대 위에 악보를 올려놓자마자 연주를 듣기 위해 관중들이 들어왔다. 연주를 준비하는 과정에 정신이 없어서 그들을 보지 못했다. 그들은 조용히 우리 사이사이에 연주가 방해되지 않을 정도로 붙어 있었다. 지휘자는 하나의 내색함도 없이 조용히 첫 곡을 지휘하기 시작했다. 첫 음부터 하나하나 음이 합쳐져 울리는 이 공간들은 거대한 악기 속에 있는 기분이 들었다. 연주가 계속되고 점점 시간이 흐를수록 조용히 들려오는 흐느끼는 소리가 우리를 더욱 긴장하게 만들었다.

나는 나의 옆에서 조용히 눈물을 흘리고 있던 친구를 잊을 수가 없다. 그는 인도해주시는 도우미 선생님을 잡고 있었으며 휠체어에 앉아 눈물을 흘리고 있었다. 조금 정신 차리고 보니 관객은 모두 앞을 보지 못하는 데다 이중의 장애를 가진 친구들이었다. 이들은 주변에 기대거나 땅에 앉아서 연주자와 한마음으로 음악이라는 큰 울타리 안에서 행복한 눈물을 흘리고 있었다. 처음으로 음악 소리, 악기 소리를 듣게 된 것이다. 조금 늦었지만 나는 나의 연주로 이렇게 소중한 마음을 전달해줄 수 있고 아픈 마음의 상처를 치유하고 있다는 것을 알았다.

음악에 세상을 따뜻하게 변화시키는 힘이 있음을 보게 되었다. 다시금 내가 악기를 불면서 행복한 시간을 가졌던 옛 시간을 되돌아보게 되었고 또한 이 음악들로 행복했던 과거의 시간으로 청중들을 안내할 수 있음을 깨달았다.

한때 연주는 연주회장에서 해야만 한다는 아주 어리석은 생각을 한 적이 있었다. 좋은 연주와 화려한 연주만을 해야 음악을 한다고 생각한 적도 있었다. 꼭 남이 연주를 안 하는 곡을 연주해야만 음악이 되는 거 같고 화려한 무대의 연주만이 내 연주인 듯 생각했다. 나의 잘못된 생각과 편견으로 오랜 시간 시달려오고 좌절하고 낙망했었다. 하지만 이 순간이 나를 나눔으로 인도하게 되었으며 나의 손길이 필요한 곳에서 나의 연주가 소중하게 되었고 어디에서든지 최선의 연주를 들려드리려고 노력하게 되었으며 온 마음을 다해 진심의 연주로 그들을 바라보는 계기가 되었다. 이런 마음으로 지휘자와 함께 자연스럽게 나눔이라는 앙상블을 시작하게 되었다.

🎧 나눔 앙상블만의 매력

나눔 앙상블에 함께하시는 분들은 단지 악기를 불고 개인의 실력 향상과 재미를 위한다기보다는 행복한 마음과 기쁨을 찾기 위해 나눔을 찾고 있다. 그 악기가 자기 전공이 아니어도 소중한 시간과 물질 재능을 기쁜 마음으로 나눔과 함께하신다. 사진이 필요한 곳에는 카메라 감독님이, 건강이 안 좋으신 분들에게는 의사 선생님이, 아이들의 교육이 필요한 곳에는 학교 선생님이, 다양한 형태로 나눔을 함께하고 있다. 악기를 통한 기쁨을 전해주고 부족할 수 있는 마음에 나눔의 손길을 더해주는 것이다.

많은 동호회 활동이 있고 여러 형태의 모임이 있다. 각자의 모임에 장점이 있지만, 재미와 취미를 넘어 생명을 살리는 음악으로 마음을 전달해주는 모임은, 그것도 15년째 지속하고 있는 모임은 찾아보기 쉽지 않은 것 같다.

나눔은 악기 실력 향상에도 신경을 많이 쓴다. 최고의 연주를 하기 위해 매달 캠프와 파트 연습, 개인 레슨 등으로 실력과 능력을 향상시킨다. 전공자 못지않게 향상 연주도 분기별로 진행하고 있으며 좋으신 선생님들의 마스터 클래스 등 악기 실력 향상에도 최선을 다하고 있다. 나눔의 음악은 듣는 모든 분이 나눔의 친구가 될 수 있게 준비한다. 나눔의 연주는 나눔의 소리를 듣고 그들의 마음을 바꾸고 상처를 닦아주며 위로해 줄 수 있게 준비한다.

🎧 나의 나눔 앙상블 생활

나눔 앙상블의 생활이 이제는 나의 생활에 없어서는 안 되는 한 부분이 되었다. 소중한 시간들이 영화같이 지나간다. 첫 모임을 가졌던 꽃집에서부터 국도 길이 끝나는 곳, 평창 연주도 우리나라의 땅끝마을 연주도, 세계에서 가장 높은 히말라야 산골학교 연주도, 지구의 끝 남아프리카 공화국 흑인 마을 연주도, 2023년 4월 베를린 돔에서 열렸던 파독 근로자 60주년 기념 음악회 '베를린 아리랑' 연주도 나눔의 진실된 마음을 전달했고, 또 앞으로도 전달되기를 소망해본다. 비록 보기에 베를린 필하모닉과 같은 프로페셔널한 연주가 아니어도, 연주가 진실된 한마음으로 전해진다면 생명을 살리는 음악이 된다는 믿음을 확신하게 된다.

코로나 시기로 잠시 주춤한 시간이 있었다. 오랜 시간 지침과 외로움 속에서 나눔의 활동을 기다렸다. 이제 다시 세상에 나온다. 잠시 움츠렸던 나눔 앙상블은 이제 진심의 소리로 그들에게 다가간다. 기쁨으로 그들의 마음을 위로하고 희망과 행복을 주며 꿈을 심어주고자 한다.

나눔의 문은 항상 열려 있다. 같이 마음을 전달하려는 식구들이 많이 필요하다. 그리고 가야 할 길이 너무 많다. 우리의 연주를 기다리는, 우리의 손길을 기다리는 이들이 많이 있다. 걸음마다 손길마다 나눔의 진실된 마음이 전해지길 기도해 본다.

생명을 살리는 음악

•

김 문 길

체인지 UP

재미와 취미에 사랑이 더해지면
생명이 된다

내 인생의 가장 잘한 것 몇 가지 중 하나가 '서울 나눔 클라리넷 앙상블'을 창단하여 지금까지 활동하고 있다는 것이다.

30대 후반쯤 우연히 "30대에 꼭 읽어야 할 101가지"라는 제목의 책을 읽었다. 그중 마지막 장이 전 세계를 향한 나눔에 관한 내용이었는데, 그 부분을 읽으면서 나는 과연 전 세계를 상대로 나누어줄 수 있는 것이 무엇인지를 깊이 고민하게 되었다. 그러다가 남들보다 조금 더 배웠다고 생각되었던 클라리넷이 떠올랐고 이 악기를 통해서는 전 세계를 상대로도 나눌 수 있겠다는 마음의 확신이 들었다.

그 전부터 나는 클라리넷을 전공한 것이 '단지 나와 내 가족만의 생계와 유익만을 위한 것은 아닐 것이다'라고 생각하며, 조금 더 의미 있는 삶이 무엇인지를 고민해왔다. 이를 계기로 이런 뜻에 공감하는 몇 명의 지인들과 함께 2007년 12월 드디어 '서울 나눔 클라리넷 앙상블'을 창단하게 되었다.

지난 시절 베를린에서 유학 생활을 하는 동안 그곳 현지의 많은 사람이 음악 전공, 비전공을 떠나서 삶에서 있는 그대로 음악을 즐기는 모습이 무척이나 인상 깊었다. 어떤 장소나 환경에 상관없이 어디서든지 원하면 마음껏 즐기는 모습이 너무 자연스럽고 나의 기억 속에 오래 머물러 있었다.

　음악을 전공하지 않았는데 전공자 이상의 실력을 뽐내며 연주하는 이들을 거리 곳곳에서 쉽게 볼 수 있었다. 특히 역사와 전통을 자랑하는 베를린 훔볼트 대학교의 동아리 오케스트라에 객원 단원으로 연습하러 간 적이 있다. 대부분이 취미로 악기를 연주하는 학생들이었는데, 내가 보기에는 전공생에 버금가는 실력으로 함께 음악을 만들어가는 모습에 충격을 받았던 기억이 생생하다. 그래서 나는 전공, 비전공을 가리지 않고 각자의 음악을 즐기면서 필요한 이들과 나누겠다는 마음만 있다면 나눔 앙상블 단원으로 함께하기로 마음을 정했다.

　"단 한 사람이라도 우리를 필요로 한다면 그곳이 어디든 찾아가서 연주한다"라는 분명한 목표와 비전을 가지고, 국내는 땅끝 해남에서부터 강원도 평창에 이르기까지, 국외는 히말라야 해발 3000m의 산골학교와 지구촌의 끝이라 불리는 남아프리카 공화국 케이프타운 흑인 마을, 또한 올해는 파독 광복 간호사 60주년 기념음악회를 위한 독일 베를린까지…. 나눔 앙상블의 비전과 목적대로 우리의 연주를 필요로 하는 곳에 찾아가서 정성을 다한 연주를 통해 위로와 감동 그리고 기쁨과 행복을 전해주었다.

무엇보다 나눔의 연주를 지속적으로 감당하기 위해서 가장 중요한 것은 부단한 연습과 노력으로 우리의 실력을 쌓는 것이라 생각하며 이 일에 더욱 매진하고 있다. 매주 월요일 저녁 단원들이 함께 모여 정기 합주 연습을 하고 있으며, 매월 첫째 주 일요일에는 강도 높은 집중연습을 통해 파트별 하모니는 물론, 더욱 세밀한 부분까지 집중적으로 연습하여 곡의 완성도를 높이는 일일 캠프를 매달 실시하고 있다. 또한 '개인의 실력 향상이 곧 나눔 앙상블의 실력 향상이다'라는 슬로건으로 수시로 개인 향상 연주회를 개최하고 있다. 이를 통해 무대 경험과 개인 실력 향상은 물론이고 전문 피아노 연주자와 함께하는 독주를 통해 합주에서 경험하지 못한 새로운 앙상블의 묘미와 분위기를 느끼며 더욱 폭넓은 음악 세계를 만끽하고 있다.

감사한 것은 대부분의 단원들이 각자의 전문 영역에서 직장생활로 인해 눈코 뜰 새 없이 바쁜 가운데서도 이 모든 프로그램에 거의 모든 인원이 참석한다는 것이다. 먼저 내 것을 나누기 위해서는 스스로가 채워져야 하기에 오늘도 내일도 최선을 다해 연습하는 모습은 지휘자인 내가 보기에도 감동적이다. 더욱 놀라운 것은 클라리넷을 취미로 시작해서 발전의 발전을 거듭하여 은퇴 후에는 클라리넷으로 더 많은 사람에게 유익을 주고자 하는 선한 목적으로 클라리넷을 전공하는 단원들이 한 명, 두 명씩 나타나고 있다는 것이다. 특별히 지난해, 수원대학교 음악대학원에 합격하여 전공자의 길을 걷고 있는 베이스 클라리넷 임상종 선생님께서는 관악기 수리 과정도 미국에서 학위를 마치셨다. 대학원 졸업 후에는 우리나라에서 음악적으로 소외된 산골학교들을 찾아다니며, 그들에게 악기를 통해 음악을 가르치는 멋진 꿈을 가지고 있다.

나는 나눔 앙상블의 더 큰 미래와 성장을 위하여 모든 단원이 전공하는 것을 꿈꾸어 본다. 특히 창단 이후 매년 전 단원이 온 정성을 기울여 준비하는 정기연주회와 특별 기획 연주회를 위해서는 합숙 일정으로 클라리넷 캠프를 실시하여 개인 연주 실력을 끌어올릴 뿐만 아니라, 단원 전체가 호흡을 맞추어 함께 음악을 만들어가는 수고와 노력을 통해 합주의 수준을 매년 크게 발전시켜나가고 있다.

이러한 노력의 과정 덕분에 우리나라 클래식 연주의 메카라 불리는 예술의전당, 롯데콘서트홀, 세종문화회관 등에서 매년 정기연주회를 꾸준히 이어올 수 있었고, 더 큰 감동을 나누고자 최선을 다한 진정성 있는 연주에 많은 이들이 깊이 공감하며 큰 박수로 응원하고 있다.

체인지 UP

나는 앞으로도 나눔의 연주를 통해 치유와 회복이 있는 더 나은 세상을 만드는 데 조금이나마 보탬이 되고 싶은 간절한 마음뿐이다. 재미와 취미에 우리의 사랑과 헌신, 노력이 더해져 울려 퍼지는 나눔 앙상블 사랑의 하모니가 지구촌 더 많은 곳에, 더 많은 이들에게, 특별히 아직까지 모든 것이 폐쇄되어 있는 북녘땅, 북녘 동포들에게도 전해줄 수 있기를 간절히 기대하며 소망한다.

찬란한 창단 음악회의 기억

모닝커피를 한잔 마시면서 14년 전 창단 음악회의 추억을 떠올리며 글을 쓰고 있는 이 시간, 정말 감회가 새롭다.

전 세계를 상대로 음악이 필요한 이들과 함께 나누겠다고 결심하고 창단하여 1년여 시간을 잘 이끌어왔지만, 전 세계라는 목표와 비전을 생각하면 나도 모르게 웃음이 나오곤 했다. 우리나라만도 아니고 전 세계를 상대로 나누겠다는 말이 더욱 멀게만 느껴졌던 것이다. 가끔씩은 내 스스로도 어떻게 그렇게 크고 놀라운 비전을 꿈꿀 수 있었는지 생각하면 할수록 이것은 분명히 내 스스로 한 것이 아닌 것 같았다.

드디어 모두가 꿈꾸고 기대해왔던 창단 연주회가 2008년 10월 4일 토요일 압구정동 장천아트홀에서 열렸다. 이날 단원들은 설렘과 기대하는 마음으로 무대 리허설 시간(3시)보다 일찍 연주회장에 도착했다. 왜냐하면 평소에는 객석에서 청중으로만 음악을 즐기다가 이날

만큼은 생에 처음으로 무대의 주인공이 되는 날이기 때문이다. 일찍 도착한 단원들은 처음 밟아보는 무대와, 무대 뒤 대기실을 왔다 갔다 하며 신기한 듯 이 방 저 방을 둘러보고 있었다. 청중석에서는 도저히 보이지 않았던 무대 뒤의 숨은 공간들이 무척이나 궁금했던 모양이다.

저녁 7시 30분 객석의 조명이 서서히 사라지고 무대 조명이 환하게 켜지면서 드디어 나눔 앙상블 창단 연주회가 시작되었다. 나의 지휘에 맞추어 첫 곡인 '모차르트 디베르티멘토 K. 136'이 연주되었다. 35명의 클라리넷 소리가 어우러져 울리는 웅장하고도 풍성한 음색과 모차르트 음악 특유의 아름다운 선율이 연주회장 구석구석까지 울려 퍼졌다. 클래식 전용 홀이라 연습 때보다는 훨씬 더 좋은 사운드에 단원들은 약간 당황하면서도 매우 흡족해하는 눈치였다. 첫 곡이 끝나자 청중들은 큰 박수로 우리의 연주에 더욱 힘을 실어주었다.

15년이 지난 지금도 그때 첫 곡의 아름다운 추억이 나의 가슴 한편에 선명하게 남아 있다. 특별히 이날 창단 연주회를 축하하기 위해 최고의 색소포니스트 중의 한 명인 손진(세종대) 교수가 협연자로 기꺼이 응해주었다. 손진 교수의 'Amazing Grace'가 색소폰으로 연주될 때 연주회장은 숨소리 하나 들리지 않고 모든 청중이 완전히 몰입되어 그 순간만큼은 혼연일체가 되는 신비스러운 느낌이었다.

역시 음악의 놀라운 힘을 다시 한번 절실히 실감하는 시간이었다.

무대에서 모두가 어색하지 않고 자연스럽게 보이려고 노력했지만, 처음이라서 그런지 애쓰면 애쓸수록 더 긴장된 모습을 지울 수가 없었다. 경험이란 절대 무시할 수 없는 엄청난 무기인 것 같다. 그래도 1년 동안 모든 단원이 열심히 연습하고 노력한 덕분에 작은 실수들은 있었지만 큰 어려움 없이 음악회를 무사히 마칠 수 있었다. 연주 후에는 단원들이 모두 큰 안도의 한숨을 내쉬며 잘 마칠 수 있었음에 서로 만족하고 기뻐하는 모습이었다. 음악회를 축하하러 온 많은 가족들, 지인들과 함께 웃고 웃으며 기쁨을 나누는 모습이 마냥 행복해 보였다. 이렇게 설렘 반 기대 반으로 시작한 창단 연주회는 감사와 기쁨으로 마무리되면서 내년을 더욱 기약하게 되었다.

🎧 창단 때부터 함께한 이들

앙상블 창단을 고심할 때부터 나에게 전폭적인 지지와 큰 용기와 가능성을 말해주어 결단할 수 있게 도와준 친구 김판서 선생님은 대학교에서 처음 만나 베를린에서 유학 생활을 함께했던 오래된 진정한 친구이다. 창단 연주회 때는 악장으로 전체적인 음악뿐만 아니라 무대 매너, 대기실 사용요령 등, 내가 신경 쓸 수 없는 미세한 부분까지 신경 써준 친구가 너무 고맙고 감사했다. 그리고 15년이 지난 지금까지 변함없는 한결같은 마음으로 나눔 앙상블의 든든한 연주자로, 조력자로 나와 함께 나눔 앙상블을 잘 이끌어 가고 있다.

대한민국에서 가장 좋은 성격 중 한 명인 피아노 유미영 선생님은 한국 예술 종합학교 오페라 코치를 전공한 재원이다. 까칠한 어떠한 사람과도 금방 친해질 수 있는 친화력의 대가이다. 그 때문에 나눔 앙상블에 오시는 날은 늘 큰 웃음이 넘쳐난다. 때로는 심각했던 연습 분위기도 재치 있는 한 마디 유머로 곧장 화기애애한 분위기로 바꾸곤 한다.

특히 친화력은 국적을 초월한다. 2017년 히말라야 산골학교 봉사 연주 때 피아노를 가르치면서 서로 다른 언어에도 불구하고 전교생 어린이들과 금방 친해질 수 있었다. 마지막 날 연주 발표회 후 일주일 동안 함께했던 어린 친구들을 한 명 한 명 꼭 안아주면서 서로 눈물을 흘리는 감동의 장면은 KBS "인간극장"을 통해 전국에 방송되었다. 나눔 앙상블의 진정한 스타 선생님이다.

또한 피아노 실력은 더 말할 것도 없다. 곡의 첫 음만 들으면 웬만한 곡은 연주가 가능하다. 내가 합주할 때 가끔 피아노 악보를 준비못 했을 때도 전혀 문제 삼지 않고 악보가 있는 것처럼 자연스럽게 연주하곤 한다. 이런 실력 덕분에 나는 피아노 반주 걱정을 한 번도 해본 적이 없다. 앙상블을 이끌어가는 나에게는 피아노 걱정을 하지 않는 이것이 얼마나 큰 복인지 잘 알기에 늘 선생님께 감사한 마음뿐이다.

마지막으로 최아영 선생님은 나눔 앙상블 첫 연습(2007년 12월) 때부터 오늘 이 시간까지 나와 함께 앙상블을 지켜온 원년 멤버이자 산 증인이다. 궂은일 힘든 일을 말없이 도맡아 오신 최아영 선생님은 특히 창단 때부터 부족한 재정을 맡아서 지금까지 15년간 단 한 번도 마이너스 없이 살림을 잘 꾸려 오신 나눔 앙상블의 재무장관이다. 지금껏 내가 살아오면서 경험한 바로는 어떤 단체의 재정을 누가 맡느냐에 따라서 그 단체의 성공 존재 여부가 달려 있다고 해도 과언이 아닌 것 같다. 그런 점에서 최아영 선생님은 나눔 앙상블이 지금까지 훌륭하게 존재할 수 있었던 핵심 인물이다.

선생님의 나눔 앙상블 오기 전후의 모습이 매우 흥미롭다. 나눔 앙상블에 오기 전에는 어린이들을 가르치는 유치원 선생님이었다. 20대 직장생활을 하던 중 우연한 기회에 클라리넷 연주회를 접하게 되었다. 그때 클라리넷의 저음부터 고음에 이르는 매력적인 소리에 완전히 반해 당장 악기를 시작하게 되었다고 한다. 그 후 체계적인 레슨을 받으면서 더욱 흥미를 가지게 되었고 레슨 시작한 지 4개월쯤 나눔 클라리넷 앙상블을 만나서 시작을 함께하게 되었다. 앙상블 합주를 통해 어우러지는 클라리넷 소리에 더 큰 매력과, 계속된 음악적인 열정으로 전공의 길로 들어서게 되었고 결국은 프랑스 유학까지 마치고 지금은 연주자로, 학생을 가르치는 지도자로서의 삶을 마음껏 즐기면서 살아가고 있다. 이렇듯 나눔 앙상블을 통해

체인지 UP

change up 되는 크고 다양한 변화의 사건들이 더 풍성하게 일어나기를 바란다.

　창단 음악회 후 매년 정기연주회를 계속해서 이어오고 있으며, 특히 2017년부터 나눔 앙상블의 영역이 전 세계로 나아가기 시작했다. 2017년 네팔 히말라야 산골 음악회, 2018년 지구촌의 끝이라 불리는 남아프리카 공화국 현지마을 봉사 연주를 시작으로 서서히 활동 영역이 넓혀져 가고 있었다.

　2020년 3월 전 세계에 퍼진 코로나 팬데믹은 온라인 시대의 변화를 더욱 가속화하는 계기가 되었다. 나눔 앙상블은 빠르게 변화하는 흐름에 잘 대응한 덕분에 위기가 오히려 기회가 되어 창단의 목적대로 활동 영역이 폭발적으로 확대되었다. 2020년 코로나로 어려운 상황 속에서도 나눔 정기연주회는 온라인, 오프라인으로 동시에 진행되었다. 튀르키예, 레바논, 그리스, 요르단, 일본, 인도네시아 등 총 10개국의 난민들을 돕는 비영리 단체들과 많은 현지인의 참석으로 큰 호응과 위로의 시간이 되었다. 이렇듯 목표와 비전 하나만 굳게 붙잡고 지금까지 왔는데, 코로나를 거치면서 나눔 앙상블은 창단의 목표와 비전이 내가 상상하고 기대했던 이상의 빠른 속도로 현실이 되어가고 있었다. 그저 놀랍고 감사할 뿐이다.

나눔 정기연주회의 영향

언젠가 신문 사설란에서 봉사 연주단체들이 꼭 갖추어야 할 덕목 세 가지를 관심 있게 읽은 적이 있다. 그 세 가지는 바로 진정성, 전문성, 지속성이었다. 진정성 없는 형식적인 연주, 전문성이 결여된 연주, 지속성 없는 일회적인 연주는 모두 지양되어야 한다는 내용이었다. 너무 공감이 가고 맞는 말이었다. 그때부터 지금까지 나눔 앙상블을 이끌어오면서 머릿속에 항상 이 세 가지를 되새기며 이것으로 충만한 연주 단체로 거듭나기 위해 오늘도 내일도 끊임없는 노력을 하고 있다.

서울 나눔 클라리넷 앙상블은 음악을 사랑하는 사람들이 연주를 통해 나눔을 실천하고자 하는 선한 목적을 가지고 모였다. 그래서인지 연령대도 다양하고 직업군도 천차만별이다. 나누겠다는 선한 목적을 지속적으로 잘 감당하기 위해서는 무엇보다 음악적인 실력(전문성)을 쌓는 게 급선무였다. 실력을 쌓기 위해 끊임없는 연습도 필요하지만 연습한 것을 무대를 통해 완성시키는 작업은 비전공자들이 대부분인 나눔 단원들에게는 무엇보다 중요했다.

이렇게 2008년부터 시작된 나눔 정기연주회는 한 해도 빠지지 않고 올해(2022) 14회 연주회를 성공리에 개최했다. 장천아트홀에서 시작된 정기연주회는 세라믹 팔레스홀, 영산아트홀, 세종문화회관을 거쳐 우리나라 최고의 클래식 무대라고 불리는 예술의전당, 롯데콘서트홀까지 계속 변화와 성장을 거듭해왔다. 해를 거듭할수록 발전된 연주장소는 1년에 한 번 무대에 서는 나눔 단원들에게 더 많은 크고 다양한 유익을 가져다주었다.

첫째, 연습할 수 있는 엄청나게 큰 동기를 부여해 주었다. 특히 나눔 앙상블이 처음으로 예술의전당 무대를 밟았던 10회(2017) 정기연주회를 자축하고 지금까지 성장, 발전한 앙상블의 실력을 영원한 흔적으로 남기기 위해 연주회 실황 CD 제작을 결정했다. 사실 실황 녹음은 전문 연주단체들도 꺼리는 것이다. 왜냐하면 한 번의 실수도 용납하지 않고 높은 음악적인 수준과 집중력 그리고 긴장감을 요구하기 때문이다.

이 큰 산과 같은 도전 앞에 모든 단원은 더욱 일치단결하여 연주회 준비에 박차를 가했다. 연주 전 마지막으로 진행된 클라리넷 합숙 훈련캠프에는 전 단원이 각자 바쁜 모든 일정을 뒤로하고 최대한 형편에 맞추어 참석하여 빡빡한 연습 일정을 다 함께 잘 감당할 수 있었다. 이 일을 통해 나는 어떤 모임의 일이든 참석 여부는 바빠서 못하는 것이 아니라 우선순위의 문제임을 확실히 깨닫게 되었다. 클래식 연주자도 웬만해서 서기 힘든 예술의전당 연주회를 앞두고 전 단원이 한마음이 되어 연습하는 일에 가장 우선순위를 두고 참석한 것에 대해 너무 고마웠고 최선을 다하고자 하는 하나 된 마음을 온전히 느낄 수 있었다.

둘째, 음악적인 성장과 성취감 그리고 자신감을 심어주었다. 역사적인 예술의전당 연주회 이후 나눔 앙상블의 힘찬 도전은 계속되었다. 11회(2018년) 정기연주회는 롯데콘서트홀(2000석)에서 열리는 초대형 연주회로 진행되었다. 합창단과 클라리넷 연주 인원만 300여 명이 참석하는 대규모 콘서트였다.

나는 이전에 했던 연주회와는 비교할 수 없을 엄청난 분량의 일들을 손수 감당해야만 했다. 몇 개의 합창단을 섭외하고, 연습상황을 점검하고, 연습 시간을 조율하는 등 신경 써야 할 부분이 산더미처럼 많았다. 준비하는 초기에는 순조롭게 잘 진행되는 듯했지만, 연주회 막바지에 이르러서는 나의 한계를 넘어선 과로로 심신이 더 이상 버티지 못하고 결국은 병원으로 갈 수밖에 없었다. 그 상황에서도 롯데 연주회를 생각하면 흥분이 되고 가슴이 뛰었다. 회복되기를 간절히 기도하면서 정신력으로 음악회 모든 시간을 무사히, 잘 마칠 수 있었다. 준비하는 기간은 비록 힘들고 고된 시간의 연속이

체인지 UP

었지만 음악회 후에는 힘들고 노력한 만큼 이상의 성취감과 자신감을 얻게 되었고 이것은 이전 무대에서는 도저히 느끼고 경험해보지 못한 새롭고 소중한 선물이었다.

이것뿐만 아니라 이날 음악회에는 내전으로 고국을 떠나 타향(한국)에서 힘들게 살아가는 시리아, 예멘 난민 가족들을 초대했다. 이들은 우리나라 최고의 클래식 연주홀에 초대받은 것도 너무 감사한데 이날 울려 퍼진 주옥같은 연주곡을 통해 평생에 너무도 귀한 추억을 만들어 주었다며 감사의 인사를 전했다. 그리고 집으로 돌아가는 내내 마지막 앵콜곡으로 연주되었던 'Near my God to thee'의 멜로디를 흥얼거리며 계속 불렀다고 한다.

셋째, 더 큰 도전을 꿈꾸게 하고 이루게 되었다. 끊임없는 변화와 성장을 추구하는 나눔 앙상블은 롯데 연주회를 계기로 종교음악의 중심지인 로마 바티칸 성당으로부터 미사연주회(2020년 7월 4일) 정식 초청장을 받는 역사적인 사건을 맞이하게 되었다. 갑자기 전 세계에 닥쳐온 코로나 팬데믹으로 인해 무한 연기되었지만…. 더욱이 2023년 4월 15일, 독일의 수도 베를린의 상징인 베를린 돔에서 파독 광부 60주년을 맞이하여 그들의 피, 땀 흘린 수고와 노고에 조금이라도 감사의 마음을 전하기 위해 기념 음악회를 기획하고 성공리에 잘 마무리했으며, 이는 KBS 다큐멘터리 프로그램으로도 방영되었다.

코로나 이전과 이후
나눔 앙상블의 변화

    코로나로 큰 타격을 입었던 여러 분야 중 하나인 예술계통에 속한 나는 지난 2년간 코로나로 인해 많은 변화와 어려움을 겪었다. 특히 코로나 초기에는 호흡을 이용하여 연주하는 관악기를 함께 불기라도 하면 무조건 확진되는 줄 알았다. 그래서 대부분 학교에서 운영했던 악기 수업, 그룹 레슨, 일대일 레슨, 연주 등 거의 모든 일정이 취소되었다.

    그때까지 나름대로 하루하루 열심히 살아왔다고 생각했는데, 한순간에 많은 일이 사라지면서 이 상황을 어떻게 받아들이고 헤쳐나가야 할지 너무 막막하기만 했다. 시간이 좀 지나면 나아지겠지 라고 안일하게 생각했는데, 상황은 더 악화되고 긴 코로나의 시간을 감당해야 했다. 이 상황에서 정말 내가 할 수 있는 일이 무엇이 있을까 간절히 기도하면서 고민하게 되었다. 지금까지 바쁘게 살아오면서 내가 혹시 놓친 것은 없는지, 갑자기 너무 많아진 시간을 어떻게 잘 사용할 수 있을지, 한 가정의 가장으로서 주어진 책임을 어떻게 감당해야 할지 등등 생각하면 생각할수록 답이 없고 아무런 대안이 없는 상황이 더욱 나를 슬프고 힘들게 했다.

내가 지도하는 서울 나눔 클라리넷 앙상블도 예외는 아니었다. 2020년 7월. 모든 단원이 꿈꾸고 기대했던 종교음악의 출발지라 할 수 있는 '로마 바티칸 성당 초청연주'가 코로나로 인해 취소되고 나라에서는 방역 규제가 더욱 강화되는 등 아예 모임 자체를 차단시키는 중이었다.

바티칸으로부터 미사연주 초청장을 받았을 때 모든 단원이 가문의 영광이라며 얼마나 기뻐하며 좋아했는지 지금도 기억이 생생하다. 상상조차 할 수 없었던 코로나 팬데믹으로 인해 그렇게도 바라고 원했던 바티칸 연주가 무산되었을 때 단원들의 실망감은 이루 말할 수가 없었다. 나 또한 역사적인 연주회를 위해 모든 정성을 다해 노력하며 준비했기에 원치 않는 결과를 받아들이기에는 오랜 시간이 필요했다. 나름대로 선한 목적과 사명으로 창단하여 10년 이상 최선을 다해 이끌어왔던 앙상블이었는데….

코로나 앞에 이렇게 마냥 주저앉을 수는 없었다. 죽지 않는 이상 이 방법이 아니면 저 방법으로, 저 방법이 안 되면 또 다른 방법이 있을 거라 확신하며 적극적으로 이 상황을 대처해 나가기로 마음을 먹었다. "위기는 기회"라는 말처럼 일상이 무너진 그 자리에서 나눔 앙상블의 본질을 다시 성찰하게 되었다. 우리는 왜 모였는가, 우리는 무엇 때문에 음악을 하는가와 같은 질문에 치열하게 답을 찾으려고 노력했다. 그리하여 눈물과 상처로 가득한 곳에 음악으로 위로와 소망을, 회복과 기쁨을 나누어야 한다는 본래 목적을 다시 한번 되새기게 되었다. 그리고는 정부의 방역시책에 맞추어 모든 멤버가 모이던 합주 연습을 지금 상황에서 할 수 있는 유일한 방법인 파트 연습으로 대체하기로 결심했다.

먼저 나는 나눔 앙상블 정기 연습 전에 방역에 필요한 물품과 에탄올을 구입하여 연습실 구석구석을 철저히 소독하고 환기하는 등, 내가 할 수 있는 최선을 다해 연습 준비에 임했다. 그리고 조금이라도 컨디션이 안 좋은 단원들은 재택연습을 하게 하고 나머지 단원들은 연습에 나올 것을 권유했다.

대부분의 단원들이 연습에 적극적으로 참석했다. 평소에는 지방 출장, 해외 출장으로 연습에 참석하지 못했던 단원들도 코로나 팬데믹으로 인해 하늘길이 막히고 만남을 자제하는 분위기라 연습에 빠질 수 있는 이유가 완전히 차단된 것이다. 그래서 모든 단원이 연습에 참여할 수 있는 최적의 환경이 너무 자연스럽게 만들어지게 되었다. 정부에서 두 명씩 모이라고 할 때는 우리 연습도 두 명씩, 네 명씩일 때는 우리도 네 명씩, 정부 정책에 맞추어 연습 인원을 조절했다. (그때 대부분의 연주 단체들은 정부의 모임 제한으로 인해 연습을 중단했다.) 연습을 지

체인지 UP

도하는 나만 좀 더 많은 시간을 할애하면 충분히 가능한 일이었다.

결론부터 말하면, 인원을 나누어서 연습한 것이 신의 한 수였다. 신의 한 수는 모든 것이 불가능해 보이는 상황에서만 나타난다고 했는데 꼭 우리에게 해당하는 말인 것 같았다. 일주일에 한 번씩 모여서 앙상블을 연습하는 단체 대부분은 파트 연습이 중요하다는 것을 알지만 현실적으로 할 수 있는 시간이나 공간적인 여유가 쉽지 않다. 특별히 여름, 겨울 방학 때 실시하는 음악캠프가 아니고서는 너무 어려운 일이다. 평소 합주할 때에는 자신이 기술적으로 어려워 힘들었던 부분도 주위의 실력 있는 단원의 도움으로 쉽게 넘어갈 수 있었으나, 파트 연습을 통해 그러한 부분들이 모두 적나라하게 드러나는 시간이 되었다. 코로나로 인해 어쩔 수 없이 시작하게 된 파트 연습이 단원 각자의 부족한 실력을 뼈저리게 깨닫게 했고, 이를 계기로 각자가 개인 연습에 더욱 집중하게 되었다. 또한 평소 합주할 때 전체적인 음악에 중점을 둔 것을, 파트 연습 때는 한 사람 한 사람의 세밀한 부분들을 체크하고 보완 발전시켜 지금껏 이루지 못하고 느끼지 못한 놀라운 음악적인 성장을 경험하는 소중한 시간이 되었다.

2021년 예술의전당 IBK 홀에서 열린 13회 정기연주회는 CGN TV 와 공동주최로 열렸다. 이날 음악회는 특별히 코로나 팬데믹으로 많은 어려움을 겪고 있는 전 세계 이웃들을 위로하고자 마련되었으며,

온라인과 오프라인 동시에 진행되었다. 전 세계 88개국에 방송된 이 날 실황연주회는 훨씬 더 많은 연습량과 전문성, 섬세함 등 높은 음악적인 수준을 요구했는데, 긴 코로나 동안 음악적으로 성장하고 발전한 실력 덕분에 능히 감당할 수 있어서 너무 감사하고 행복한 시간이었다. 특히 연주회의 수익금은 코로나로 가장 어려웠던 나라 중 하나인 남아프리카 공화국에서 현지인 사역을 하시는 선교사님께 전달되었다. 하루하루 먹을 것조차 없어 생계의 위협을 받고 있는 현지인들에게 큰 힘과 도움이 되었다고 감사의 인사를 전해왔다.

이렇듯 코로나는 나눔 앙상블의 실력을 놀랍게 성장시켜주었고, 활동 영역도 전 세계로 더욱 크게 확장시켜 지구촌의 더 많은 사람에게 음악과 나눔을 통해 감동과 위로를 전하는 매우 뜻깊은 전환점이 되었다. 코로나는 하늘이 우리에게 준 가장 큰 선물이었다.

나눔에 전해진 사랑의 손길

코로나19로 인한 팬데믹이 가속화시킨 각자도생의 시대에 개인도, 단체도, 국가도 자국의 이익만을 극도로 추구하며 살아가는 요즈음이다. 다른 사람이 어떻든지, 다른 나라 사정이 어떻든지 간에 나만, 우리나라만 잘살면 된다는 극도의 이기주의가 판을 치는 세상이다. 이와는 대조적으로 서울 나눔 클라리넷 앙상블은 창단 때부터 지금까지 꾸준하게 나눔 연주회를 지속할 수 있었던 것은 보이지 많은 분의 사랑의 후원과 수고, 섬김 덕분에 가능했다.

창단하기 전 내가 늘 존경하는 멘토 회장님께 앞으로 시작될 앙상블의 목적과 취지 등 이 일을 결심하게 된 배경을 말씀드렸다. 며칠 후 멘토 회장님께서 음악을 필요로 하는 이들과 나누는 소중한 일에 seed money로 사용하라며 창단에 힘을 듬뿍 실어주셨다. 이것은 나에게 더욱 확신의 마음을 갖게 하여, 힘차게 나눔 앙상블의 시작을 추진할 수 있었다.

15년간 나눔 앙상블을 이끌어오면서 특히 재정적으로 어려웠던 순간들이 한두 번이 아니었다. 그때마다 어떻게 계속 이끌어 나가야 할지 심각하게 고민한 적도 있었지만, 다 지나고 나서 돌이켜보니 그때마다 거기에 꼭 필요한 사람과 환경을 통해 감당할 수 있도록 채워 주셨음을 감히 고백할 수 있다. 이러한 사랑의 손길들을 거듭해서 겪으면서 나눔 앙상블의 재정을 맡으신 최아영 선생님은 이제는 돈에 대해서만큼은 전혀 걱정을 안 한다고 말한다. 부족했을 그때에는 걱정도 염려도 앞섰지만, 끝까지 주어진 일을 묵묵히 감당할 때 누군가가 우리의 필요를 채워 주었고, 때로는 풍성하여 남는 기적의 시간도 체험했기 때문이다.

나는 이러한 시간을 통해 한 가지 확실히 깨달았다. 개인적인 어떤 이익이나 욕심이 아니라 타인의 필요를 채우는 일, 특히 주위에 소외되고 어려운 이들을 섬기고자 하는 선한 동기로 시작된 일에는 한 번도 부족함이 없었다는 것을 나눔 앙상블과 함께한 지난 시간을 통해 몸소 배울 수 있었다.

가끔 음악을 하는 주위의 선후배들이 나에게 신기한 듯 질문을 한다. 많지 않은 앙상블 인원으로 어떻게 그렇게 큰 무대 연주나 행사를 기획하고 진행해 나가는지를! 그러면 나는 이제는 자신 있게 대답한다. 필요한 일을 먼저 시작하면 거기에 맞는 사람과 감당해야 할 환경들이 채워진다고 말이다. 무슨 일이든지 모든 상황이 다 갖추어져서, 특히 재정이 모두 준비가 되어서 일하려고 했다면 지금까지 아무 일도 할 수 없었을 것이다. 그 대표적인 사건 중 하나가 지난 2021년 제13회 나눔 정기연주회이다.

앞에서도 언급한 바와 같이 전 세계가 코로나로 어려움을 겪고 있을 때 지구촌의 가족들을 조금이나마 위로하고자 하는 목적으로 CGN TV와 공동주최 했다. 88개국에 방송되는 이날 연주회를 위해 많은 방송 스태프들과 방송 장비, 준비 요원 등 무엇보다 이 모든 것을 잘 감당하기 위해서는 거기에 필요한 재정이 채워져야만 했다. 꼭 필요한 일이라서 용감하게 시작은 했는데 감당해야 할 재정은 우리가 예상했던 금액보다 훨씬 큰 금액이었다. 단원들의 연주회비와 단장님을 비롯한 몇몇 단원들이 십시일반으로 후원해 준 총금액이 전체 음악회경비의 반도 채워지지 않았다.

연주회를 얼마 앞두고 막상 현실을 눈으로 확인해 보니 남은 금액을 어떻게 채워야 할지 막막하기만 했다. 재정담당 최아영 선생님과 나는 부족한 금액을 어떻게 채워야 할지 생각하면 생각할수록 걱정이 앞섰지만, 이전에 채워 주신 경험을 되새기면서 남은 음악회 준비에 더욱 파이팅하자고 서로 격려했다.

불과 음악회를 며칠 앞두고 나눔 앙상블과 협력 단체인 한 곳에서 지구촌 가족들을 위하는 뜻깊은 연주회를 위해 우리가 생각지도 못한 후원금을 보내주셨다. 확인해 보니 모자란 음악회경비를 채울 수 있는 금액이었다. 또한 음악회가 끝난 직후에는 이번 연주회를 함께 기도하며 준비했던 단원 중 한 분이 감동적이었다며 감사의 마음으로 후원금을 보내주셨다. 너무도 놀랍고 놀라울 뿐이었다.

재정적으로 가장 부족할 것 같았던 13회 정기연주회는 드라마틱한 방법으로 모자란 경비가 채워지고도 남음이 있는 가장 풍성한 시간이 되었다. 또 한 번의 기적을 몸소 체험한 감동과 감사의 시간이었다. 이렇듯 보이지 않는 사랑의 손길을 통해 많은 이들이 위로를 얻고 살아갈 힘과 용기를 얻는 놀라운 일들이 계속해서 일어나기를 소망하며 모두가 행복한 세상을 살아가기를 꿈꾸어 본다.

체인지 UP

베를린에서 느낀 은혜와 감사

    한 복음송의 가사처럼 베를린 아리랑 연주회는 모든 것이 은혜였고 감사였고 기적으로 충만한 시간이었다.

    지난 유학 시절 교민들께 받은 은혜와 사랑에 대한 보은으로 시작된 베를린 아리랑은 2023년 4월 6일(목) 먼저 출발하는 12명의 선발대와 일주일 후 4월 12일(수) 출발하는 27명의 본대로 나누어져 있었다. 선발대의 역할은 먼저 베를린에 도착하여 교민들의 소망사진과 가족사진을 촬영하고 또 찾아가는 음악회를 진행하는 것이었다. 선발대원들은 "감동의 섬김"이라는 목표를 가지고 놓치기 쉬운 작은, 세밀한 부분까지도 할 수 있는 최선을 다해 준비에 준비를 거듭하였다. 또한 베를린 현지 사진촬영장소를 상상하면서 예비모델을 세워 실제와 똑같은 역할을 분담하여 두세 번의 리허설도 진행하였다.

    드디어 2023년 4월 7~8일 이틀간 진행된 사진 촬영 첫날! 마침 고난주간의 성금요일이었고, 다음 날은 부활절 연휴라 많은 사람이 여행으로 인해 참석하지 못할 것이라는 현지 기획팀의 예상과는 달리, 연휴를 이용해 부모님을 찾아온 자녀들과 가족들, 심지어 키우는 반려견까지 함께 와서 가족사진을 찍는 등 대성황을 이루었다. 선발 대원들은 전날 밤늦게 베를린에 도착하여 몹시 힘들고 피곤한 상태였지만, 사진 찍으면서 맘껏 기뻐하시는 어르신들의 표정과 모습을 보면서 우리의 모든 피곤은 온데간데없어졌고 새로운 에너지가 솟아나는 기분이었다.

50~60년 타국에서 살아오신 세월의 흔적이 한 장의 사진에 담기에는 너무도 부족한 것 같아서 한 사람당 많게는 수백 번의 셔터를 누르며 최고의 사진 한 장을 얻기 위해 최선을 다하신 박길홍 카메라 감독님, 50년 만에 화장을 처음 받아보셨다면서 매우 흡족해하셨던 할머니 할아버지들의 메이크업을 전담하셨던 정귀용 선생님, 사진 찍으신 후에는 바로 돌아가시기가 아쉬울 것 같아서 한국에서 가져간 추억의 과자와 맛있는 차를 대접하며 그들의 말동무가 되어준 정진호 악장님 부부, 특히 한국에서 말기 암 수술 후 만 4개월 만에 목숨 걸고 선발대에 참여하신 채은주 선생님께서 사진 촬영 장소에서 함께 섬기면서 이곳에 너무 잘 온 것 같다고 고백했을 때, 선발 대원 모두는 더 큰 감동을 받았다.

2023년 4월 11일(화) 찾아가는 음악회는 파독 근로자분들이 평소에

체인지 UP

정기적으로 모이는 노래 교실을 찾아가서 한국을 떠날 당시에 즐겨 불렀던 '오빠 생각', '퐁당퐁당', '반달', '꿈에 본 내 고향', '만남' 등을 함께 부르며 지난날을 추억하고 회상하는 뜻깊은 시간을 가졌다. 이 날은 키보드, 기타, 클라리넷, 탬버린 등 다양한 악기로 선발 대원들이 반주하며 준비한 율동과 함께 신나게 진행되었는데, 그 어느 때보다 재미있고 행복 가득했던 모습이었다. 음악회 중간중간에 고향의 향수와 떨어진 가족들을 그리워하며 많은 분이 눈물을 흘리기도 하였다. 특히 이날 선물로 나눠드린 씨앗 젓갈과 낙지 젓갈은 받은 분들이 베를린에서 최고의 선물이라며 너무도 만족해하셨다.

드디어 2023년 4월 15일, 코로나 가운데에서도 쉬지 않고 이년 여간 열심히 연습하고 준비해온 베를린 아리랑 연주회 날이다. 연주회 장소인 베를린 돔에 처음 들어왔을 때의 느낌은 성경에 솔로몬의 궁전이 그대로 있었다면 이보다 더 아름다울 수 있을까, 라는 의문이 들 정도로 정말 멋지고 아름다운 성전 그 자체였다.

파독 근로자들이 듣기에 가장 편하고 좋아하는 곡들로 엄선하여 진행된 기념음악회는 한국에서 크게 염려했던 것과는 달리 베를린 돔에 빈자리가 없을 정도로 만석인 상태에서 열렸다. 현지의 소식으론 교민들이 모두 연로하셔서 최근의 한인 행사에 가장 많이 나온 숫자가 300명쯤 된다는 상황을 들었을 때는 연주회에 빈자리가 많으면 어쩌나 너무 걱정되어 잠을 이룰 수가 없었다. 그렇다고 한국에서는 베를린음악회 홍보를 위해서 할 수 있는 일이 거의 없었다. 그저 하나님 앞에 머물러 있는 것이 내가 할 수 있는 유일한 일이었다.

그러나 하나님께서는 예비하신 손길들을 통해 음악회 오실 분들을 미리 준비해주셨고 또한 선발대로 와서 진행한 두 번의 행사를 통해 우리의 진정성을 느낀 많은 분이 가족들과 지인 이웃 등에게 적극적으로 홍보해 주었다. 특별히 이날은 2세 자녀들과 2세 자녀의 자녀까지 그리고 많은 외국인 가족 지인들이 참석해서 대성황을 이루었다.

'그리운 금강산', '고향의 봄'처럼 고국에서 즐겨 들으시던 노래를 연주하고 태극기와 독일 국기를 다 같이 흔들며 한마음으로 합창한 아리랑까지……. 연주자와 국적을 초월한 청중 모두가 음악으로 하나가 되는 감동의 물결이었다. 특히 국악 피리로 연주된 'Amazing Grace'는 베를린 돔에 오신 모든 분의 마음 깊숙한 곳까지 파고들어 많은 분이 감동의 눈물을 흘리게 되었다.

음악회 후 오신 많은 분이 베를린에 수십 년간 살면서 베를린 돔에 온 것은 처음이라며 너무 역사적으로 훌륭하고 멋진 곳에 음악회로 초대해 줘서 정말 고맙고 큰 위로와 기쁨이 되었다고 거듭거듭 감사의 인사를 해 주셨다. 70주년 때도 꼭 오라는 부탁까지~~

한 국가가 감당해야 할 정도의 대형프로젝트를 전문기획사도 없이 마음과 열정만 가지고 일을 진행하다 보니 과정에 수많은 시행착오가 있었다. 정성껏 준비한 것이 갑자기 변경되고 취소되는 등 말로 다 할 수 없는 크고 작은 사건과 어려움이 있었다. 어찌할 방법과 대안이 없어 하나님 앞에 나아갈 때마다 상상할 수 없는 기적과 같은 방법으로, 또한 생각지 못한 준비된 손길을 통해 더 좋은 길로 협력하여 선을 이루신 전능하신 하나님께 모든 영광과 감사를 올려드린다.

　마지막으로 이 일을 처음부터 함께 기획하고 최선을 다해 헌신해주신 베를린 주 찬양교회 문현근 목사님과 정유진 사모님 그리고 사단법인 해로의 봉지은 대표님께 진심으로 감사의 마음을 전한다.

가장 소중한 것, 나눔

　무엇을 선택하며 사느냐가 각자의 인생을 결정하고 무엇을 선택하며 살았느냐가 이 땅에서의 마지막 종착역인 죽음 앞에서 후회 없는 삶을 고백할 수 있을 것이다.

　나눔 클라리넷 앙상블의 향후 10년을 어떠한 비전과 목표로 이끌어 가야 할지를 계속 고민하며 기도하고 있을 때 지인으로부터 한번 꼭 보라며 유튜브 동영상을 전달받았다. 영상의 내용을 요약하면 "그것을 위해 살다가 그것을 위해 죽을 수 있는 것" 즉 가장 소중한 것을 선택해서 평생 추구하며 살라는 내용이었다. 물론 가장 소중한 것을 추구하는 방법까지도 자세하게 설명되어 있었다. 너무 감동이 가득한 영상이었고 때마침 완전히 나를 위해서 말씀하시는 것 같았다. 내가 고민하고 생각하고 있는 물음에 대한 명확한 답을 안내해주는 영상이었다. 그래서 너무 감사하고 또 감사했다.

　그날 저녁 유학 중에 방학을 맞이하여 집에 왔다가 다음 날 독일로 다시 출국하는 아들을 위해 가족들과 다 함께 감동의 영상을 또 다시 시청하며 각자의 느낀 소감과 결심을 나누는 뜻깊은 시간도 가질 수 있었다. 100세 시대라고 말하는 요즈음에 비추어 볼 때 나는 이제 전반전을 마치고 후반전에 막 돌입한 상태이다. 두 번의 영상 시청을 통해 지금 나에게 가장 소중한 것, 평생을 추구하며 살아갈 것은 바로 '나눔'이라는 확신을 갖게 되었다.

"50살까지는 잘 벌어서 50대 이후에는 잘 나누어야 한다"라는 말이 생각난다. 나에게는 나누는 것이 비록 돈은 아니지만 내가 나눌 수 있는 재능을 더 듬뿍 나누기를 원한다. 지금까지는 내 삶의 일부를 나누었다면 이제부터는 나의 모든 시간, 가장 소중한 시간까지도 기꺼이 나눌 수 있는 삶을 살아야겠다고 다짐해본다. 가장 소중한 시간과 함께 가장 아름다운 음악을 나누기 위해 나 자신부터 끊임없이 음악적인 변화와 성장을 위해 더욱더 노력해야겠다.

최근 나에게 가장 소중했던 일! 2, 3년을 기획하고 혼신의 힘을 다해 준비한 '파독 근로자 60주년 기념음악회'가 4월 15일 베를린 돔에서 열렸다. 힘들고 어려웠던 베를린 유학 시절(1996. 2.~2002. 10.) 나는 교포 신문 베를린 통신원으로 일하면서 많은 교민의 사랑과 은혜를 받았다.

상다리가 휘어질 정도로 한국 음식을 준비해 집으로 초대해 주셨던 분, 한인행사를 마칠 때 수고했다며 손주를 보내는 할머니처럼 주머니에서 꼬깃꼬깃한 지폐 한 장을 꺼내 주신 분, 학생이 여행하기 힘들 거라며 휴일이면 시원한 고속도로로 드라이브시켜 주신 분, 아들 종민이가 태어났을 때 기저귀 분유 아기침대 등 필요한 유아 용품을 사다 주신 분, 아기 키우려면 필요하다고 차를 바꾸실 때 타시던 자동차를 선뜻 주시던 분, 유학공부를 무사히 잘 마쳤다며 축하해 주기 위해 우리 부부를 프랑스 여행시켜주셨던 분까지.

특별히 온 나라가 어려웠던 IMF 시절, 많은 유학생이 학업을 포기하고 고국으로 돌아가야 했는데, 나 역시 예외는 아니었다. 정말 어렵게 학교에 들어가 열심히 공부하고 있을 때 경제적인 이유로 학업을 중단한다는 것은 너무 가슴 아픈 일이었다. 그런데 그때 한 교민(정정수 전 한인회장)께서 BMW 공장에서 아르바이트를 할 수 있도록 소개해주시고, 배려해주신 덕분에 그 어려운 시간을 무사히 넘기고 유학 생활을 잘 마칠 수 있었다.

일일이 다 나열할 수 없을 정도로 많은 분이 넘치는 사랑을 부어주셨다. 다시 생각해도 눈물이 핑 도는 정말 잊을 수 없는 분들이었다.

사람들에게 각자의 버킷리스트가 있듯이, 나에게는 그분들의 은혜와 사랑에 한 번이라도 보답하는 것이 버킷리스트 중의 하나였다. 베를린 돔에 울려 퍼진 그 음악회는 감사와 사랑의 전심을 담은 나

체인지 UP

와 우리 나눔 클라리넷 앙상블의 기도며 찬양이었다. 한평생을 조국의 경제 발전을 위해 헌신하고 희생하신 파독 근로자 덕분에 지금의 선진 대한민국이 만들어졌듯이, 우리 나눔 클라리넷 앙상블의 가장 소중한 가치인 나눔을 통해 더 좋은 세상, 더 행복한 세상을 만드는 데 조금이나마 일조하기를 소망한다.

먼 훗날 누구에게도 부끄럽지 않은 값진 인생을 살았노라고 당당하게 고백하는 날을 꿈꾸며 오늘도 내일도 파이팅을 크게 외친다.

체인지 UP

초판 1쇄 2023년 07월 01일

지은이 김문길, 임상종, 박길홍, 채은주, 김판서
발행인 김재홍
교정/교열 김혜린
디자인 박효은
마케팅 이연실

발행처 도서출판지식공감
등록번호 제2019-000164호
주소 서울특별시 영등포구 경인로82길 3-4 센터플러스 1117호 (문래동1가)
전화 02-3141-2700
팩스 02-322-3089
홈페이지 www.bookdaum.com
이메일 jisikwon@naver.com

가격 17,000원
ISBN 979-11-5622-807-3 03190